Steffen Andritzke

Borussia Mönchengladbach

Fußballfibel

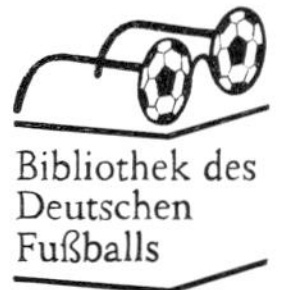

Herausgegeben von Frank Willmann

Autor:
Steffen Andritzke ist seit den 1970er Jahren glühender Fan der Borussia. In Weimar unter der Fuchtel des SED-Regimes aufgewachsen, war ihm der Weg nach MG durch die innerdeutsche Mauer versperrt. Erst nach deren Fall konnte er seine Borussia regelmäßig bei Heim- und Auswärtsspielen begleiten. In den Achtziger- und Neunzigerjahren wandte er sich im Umfeld von Fußballspielen verstärkt Gewalt und Drogen zu, hat aber beidem nun schon seit vielen Jahren abgeschworen. Dabei half ihm vor allem die Meditationspraxis Falun Gong. Seine Erfahrungen hat er im Buch „Kulturstadtbanause" verarbeitet, heute gibt er sie als ausgebildeter Konfliktmanager und Trainer an Kinder und Jugendliche weiter, damit sie nicht die gleichen Fehler machen wie er.

Bildnachweis:
Ultras MG

ISBN: 978-3-944068-71-8
Die Deutsche Nationalbibliothek verzeichnet diese Publikation in der Deutschen Nationalbibliografie; detaillierte bibliografische Daten sind im Internet über http://dnb.d-nb.de abrufbar.

Verlag:
CULTURCON medien
Inh. Bernd Oeljeschläger
Melanchthonstraße 13
10557 Berlin
Telefon 030 / 3439 8440
Telefax 030 / 3439 8442
www.culturcon.de
Redaktion und Lektorat: Nelly Möller
Gestaltung und Satz: Burkhard Kehl, Berlin
Coverentwicklung: Marcus Gruber, Berlin
Druck: Florian Isensee Gmbh, Oldenburg

Meine Borussia

Alles für Borussia

FP MG

Unsere Ultras

Wir sind Borussia

Im Stadion

„Wer die Mysterien und deren tieferen Sinn mit den Mitteln der Vernunft ergründen will, zerstört sie.“

(Giacomo Girolamo Casanova)

Meine Borussia

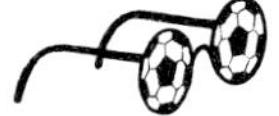

Natürlich ist es ein geiles Gefühl, Gladbachfan zu sein. Das weiß doch jeder! Und dieses Gefühl begleitet mich nun schon mein ganzes Leben lang. Der eigentlich Schuldige an dieser Sache ist – wie bei vielen anderen auch – Günter Netzer. Er war die personifizierte Verkörperung des klassischen Spielmachers und über Jahre hinweg die zentrale Figur bei unserer Borussia. Als verlängerter Arm von Trainer Hennes Weisweiler führte er unseren Verein 1970 und 1971 zur Deutschen Meisterschaft. Zur absoluten Fußballlegende wurde er aber bei seinem letzten Spiel für unsere Borussia: im Pokalfinale 1973 wechselte er sich selbst ein und erzielte dazu noch den entscheidenden Treffer zum Sieg über den FC Köln. Aber irgendwie war da noch mehr. Und damit meine ich: außerhalb des Stadions. Erfolgreiche Fußballer gab es auch in anderen Mannschaften, aber Netzer war besonders. Mit seinen langen Haaren und seiner Vorliebe für schnelle Autos war er damals wohl schon so etwas wie ein Popstar. Und er war auch neben seiner Tätigkeit auf dem Platz sehr geschäftstüchtig. Er gab die heute noch existierende Stadionzeitung Fohlenecho heraus, außerdem betrieb er die Diskothek „Lovers' Lane". Das alles machte ihn für mich zu einem Vorbild, zu einem Helden. Mir als kleinem Jungen schien es damals so, als ob er alles richtig machte und mit allem, was er auch anpackte, Erfolg hätte. Und außerdem regten sich die Erwachsenen immer so furchtbar über seine langen Haare, seine angeblich „unmögliche" Frisur auf. Ich fand das alles höchst vergnüglich …

Aber wer ist eigentlich „ich"? Gestatten: mein Name ist Steffen Andritzke und seitdem ich denken kann, bin ich aus den oben genannten Gründen Fan unserer Borussia. Aufgewachsen bin ich im berühmten – aber beschaulichen – Städtchen Weimar. Damals herrschte noch die Diktatur der SED. Das Wohl und Wehe der Bevölkerung hing seinerzeit ausschließlich davon ab, was die Genossen der SED dem gemeinen Volk gestatten wollten – und was eben nicht. Man kann sich heute nur noch schwer vorstellen, was für widernatürliche Anforderungen der realexistierende Sozialismus an die Bürger der sowjetisch besetzten Zone stellte. Auch mich prägte diese Diktatur – wenn auch nicht im Sinne der Partei. Schon seit frühester Kindheit empfand ich eine natürliche Abneigung gegen dieses Regime und der eigentliche Auslöser für diese Abscheu war – man ahnt es bestimmt schon – Günter Netzer. Und meine Borussia. Ich erdreistete mich nämlich, als kleiner Junge auf meinem Federmäppchen eine aufgehende Sonne zu malen und darüber klatschend fett „Borussia Mönchengladbach“ zu schreiben. Und damit begann mein Martyrium. Stets und ständig versuchte man mich „abtrünniges Kind“, welches nicht den vorgegebenen Richtlinien der Partei folgen wollte, wieder auf den Pfad der linientreuen Rotgardisten zurück zu führen. Noch heute wird mir übel, wenn ich an die „Belehrungen“ der Genossen und Genossinnen denke: „Aber Steffen, warum muss es denn unbedingt eine Mannschaft von unserem Klassenfeind sein? Auch wir haben doch in der DDR Mannschaften, die du gut finden könntest …!“ Ich fand das merkwürdig. Warum wollten denn die Vertreter einer Diktatur einem kleinen Jungen vorschreiben, welchen Verein er gut finden soll? Das fühlte sich alles so falsch an …

Dann kamen die Bockigkeit, der Trotz und die innere Emigration. Jeden Samstag saß ich nun vor unserem Schwarz-Weiß-Fernsehapparat, schaute das verbotene Westfernsehen und träumte während der Sportschau davon, in einem Staat leben zu können, in dem einem Jungen nicht vorgeschrieben wird, welchen Verein er gut finden soll. Und so vergingen die Jahre.

Aus dem kleinen Jungen wurde langsam ein junger Mann, der es satt hatte, ständig von charakterlosen Handlangern einer Partei gemaßregelt zu werden. Deshalb stellte ich 1984 einen „Antrag auf ständige Ausreise aus der DDR“. Kurze Zeit später verweigerte ich dieser Diktatur auch noch den Dienst an der Waffe. Dass dies Folgen hatte und ich fortan unter dem ständigen Druck dieses Regimes zu leiden hatte, wird wohl jedem mehr oder weniger klar sein. Vielleicht ist es besser, wenn ich auf die Schilderung jener Repressalien an dieser Stelle verzichte. Das habe ich schon ausführlich in meinem ersten Buch „Kulturstadtbanause“ getan. Fakt ist jedoch, dass unter der Knute des real-existierenden Sozialismus in mir ein Bild entstand, welches nach und nach zu (m)einer Lebenseinstellung wurde. Zu einem Lebensmotto. Zu einem Traum. Zu einem Ziel:

Wenn ich das erste Mal auf dem Bökelberg bin – dann bin ich endlich frei!

Die Raute wurde für mich zum Freiheitssymbol. Komisch, gell!?! Aber bestimmt auch verständlich. Da meinem Ausreiseantrag nicht stattgegeben wurde, sollte es noch ein paar Jahre dauern, bis ich mein Ziel erreicht hatte.

„Die Frage ist nicht, was man betrachtet –
sondern was man sieht."
(H. D. Thoreau)

Leider (oder zum Glück?) verlief mein Leben dann nach dem Mauerfall auch nicht immer in geordneten Bahnen. Etwas holperig vielleicht. Für manchen eventuell sogar etwas anstößig. Aber ändern kann ich das Vergangene nicht mehr. So gab es dereinst in den Neunzigern eine Phase, in der ich viele Drogen konsumierte. Harte Drogen. In großem Ausmaß. Damals dachte ich wohl in einem Anfall von Größenwahn, ich könne mir jetzt alles erlauben. Natürlich kam es dann, wie es kommen musste: ich war arbeitslos und innerlich total ausgebrannt. Was das in einem Buch über meine heilige Borussia zu suchen hat? Ganz einfach. Erstens weil es mein Leben als Borussiafan geprägt hat und zweitens, weil ich seinerzeit Hilfe im Fanprojekt in Mönchengladbach bekam. Dort fand ich Aufgaben, welche mein Leben auf eine andere Art bereicherten. Dort gab es für mich die Möglichkeit, unter verschiedenen Pseudonymen Artikel für die Fanprojekt-Webseite und für das Fan-Magazine Nordkurve zu schreiben. Das half mir sehr dabei, den Fokus weg von LSD und Kokain und auf eine etwas sinnvollere Freizeitgestaltung zu lenken. Ungefähr zur gleichen Zeit lernte ich die buddhistischen Meditationsübungen des Falun Gong kennen. Auch das gab mir neue Kraft. Dadurch lernte ich endlich auch, meine Wut auf das DDR-Regime loszulassen und zu mehr innerer Ausgeglichenheit zu finden. Das war ein Segen für mich. Viel zu viele Jahre hatte ich den Hass auf die Büttel des Regimes in mir getragen. Nun verschwand der Hass nach und nach. Als äußerst hilfreich empfand ich dabei auch die drei Prinzipien, die im Falun Gong den Menschen vorgeschlagen werden: Ehrlichkeit, Toleranz und Gutherzigkeit. Damit ist keineswegs die „Toleranz" gemeint, unter deren Deckmäntelchen gewisse politische Gruppierungen bloß ihre eigenen Ideologien verbreiten wollen. Hysterisch kreischend fordern sie Toleranz immer von den anderen – gehören aber meist selbst zu den intolerantesten Menschen überhaupt. Bei der Toleranz, dich ich meine, geht es vielmehr darum, dass man selbst seine Mitmenschen etwas toleranter – etwas nachsichtiger – betrachtet und ihnen mit ein wenig mehr Verständnis im Alltag begegnet. Diese Betrachtungsweise hat mir sehr dabei geholfen, die Dinge und die Menschen mit einer Art fernöstlicher Gelassenheit zu betrachten und so einen großen Teil meiner inneren Wut und Unausgeglichenheit verschwinden zu lassen.

Schnappatmung

„Glaube mir, dass eine Stunde der Begeisterung mehr gibt als ein Jahr gleichmäßig und einförmig dahinziehenden Lebens.“
(Christian Morgenstern)

Jetzt, nachdem ich schon viele Jahre leben kann, ohne dass eine Mauer mich daran hindert, zu meiner Borussia zu fahren, habe ich natürlich viele herzerfrischende Fahrten als Fan mitgemacht. Selbstverständlich war ich beim Pokalsieg 1995 in Berlin mit dabei. Einen Titelgewinn live mitzuerleben, ist schon eines der schönsten Dinge, die einem im Fanleben passieren können. Aber oft sind es ja gerade die unverhofften Glücksmomente, von denen man völlig unerwartet gepackt wird, die einen mitreißen und so manche Fahrt zu einem unvergesslichen Erlebnis werden lassen. Zum Beispiel beim Auswärtsspiel in der Europa League in Florenz im Februar 2017. Nach der Niederlage im Hinspiel zu Hause war mir eigentlich schon völlig klar, dass es mit den internationalen Spielen in der laufenden Saison vorbei sein würde. Für mich stand nach dem Hinspiel das Ausscheiden also schon fest. Zu stark sind die italienischen Mannschaften in der Abwehr, als dass man sie beim Rückspiel im eigenen Stadion in die Bredouille hätte bringen können. Dachte ich jedenfalls. Der Drops war gelutscht, der Käse gegessen. Der Arsch war ab. Aber das hatte ja auch seine Vorteile: man konnte nun ganz unverkrampft nach Florenz fliegen, ohne sich innerlich aufreiben zu müssen. Sowieso wird die Mentalität von uns Gladbachern eigentlich in einer Zeile des Liedes „Die Elf vom Niederrhein“ recht treffend beschrieben: „und geht das Spiel auch mal verlor’n , dann macht uns das gar nichts aus, denn dann fahren wir zum Auswärtsspiel und machen einen drauf!“ Und so war die Stimmungslage dann auch, als wir in der Hauptstadt der Toskana ankamen. Überall liefen gut gelaunte Fans von unserer Borussia herum. Die ganze Stadt war voll von Gladbachfans. Überall wurde vor und in den Kneipen schon lange vor dem Spiel gesungen und gefeiert. Es war tatsächlich genau so, wie es der Journalist Hansi Küpper ein paar Monate zuvor bezüglich unseres Auswärtsspieles bei Lazio im Fernsehen gesagt hatte: „Tradition ist, wenn sich ein Verein in den Siebzigerjahren in die Herzen der Menschen in ganz Deutschland spielt. Dann holt dieser Verein Jahrzehnte keinen Titel, und dann fährt dieser Verein nach Rom, und dort stehen 10.000 (Gladbachfans), und Italien versteht die Welt nicht mehr, weil man so etwas eigentlich gar nicht erklären kann. Das ist Tradition!“

Wir trafen uns Stunden vor dem Spiel in einer Kneipe in der Innenstadt in unmittelbarer Nähe der Ponte Vecchio. Alle waren fröhlich. Nur der Kneiper wirkte etwas verstimmt. Ich verstand seine schlechte Laune eigentlich nicht so recht, denn schließlich brachten doch die vielen Gladbacher hier einen großen Umsatz. Später erzählte mir einer der Anwesenden, dass er wohl deshalb so missmutig wäre, weil diese Schankwirtschaft eigentlich der Treffpunkt der Ultras des AC Florenz sei. Ich fand jedoch nicht, dass sich da irgendjemand ärgern müsse. Da treffen sich die AC-Ultras eben mal ausnahmsweise für das eine Spiel bei McDonalds. Dort gibt es doch auch noch so eine hübsche Rutsche …

Mit mehreren hundert Gladbachern machten wir uns dann geschlossen auf den Weg zum Stadion. Sehr weit kamen wir allerdings nicht, denn die italienische Polizei hatte etwas dagegen. Ohne ein besonderes Vorkommnis wurden wir eingekesselt und eine knappe Stunde festgehalten. Dann kamen Busse. Extra für uns. Und die fuhren uns direkt zum Stadion. So eine Bude hatte ich schon lange nicht mehr gesehen. Ich fühlte mich in die 1980er Jahre zurückversetzt. Nur die Haupttribüne hatte ein Dach, der größte Teil des Stadions jedoch nicht. Überall bröckelte der Putz von den alten Mauern. Weit und breit nichts zu sehen von „Schickimicki- Eventfan- Gemütlichkeitssitzplätze-mit Füße hochlegen“. Nur Fußball gucken, weiter nüscht. Ich fand's cool. Es war wie in meiner Jugend, ein kleines Déjà-vu. Für uns Gladbacher waren zwei Blöcke reserviert, die vom Rest des Stadions durch hohe, undurchsichtige Trennwände separiert waren. Wir stellten uns ganz nach oben, von wo wir in Ruhe Borussia gucken wollten. Und so kam es ja erst einmal auch. Wie ich es schon im Vorfeld vermutet hatte, lagen wir bereits nach einer halben Stunde mit 0:2 zurück. Zählte man das Hinspielergebnis mit, so stand es insgesamt also 3:0 für Florenz. Im Nachbarblock, der eigentlich als „neutraler Block“ vorgesehen war, gab es indessen eine fette Schlägerei. Da wieder einmal viel mehr Gladbacher angereist waren, als es eigentlich Karten gab, hatten sich eben viele Borussen Tickets für diesen Bereich „besorgt“. Einige der italienischen Zuschauer fanden dies wohl nicht so prickelnd und ließen sich zu unkontrollierten Faxen hinreißen. Blöd nur, dass in jenem Block auch Gladbacher standen, die sich eh als erlebnisorientiert bezeichnen würden. Und so kam es eben phasenweise zu einem aufregenden Handgemenge …

Eine Minute vor dem Pausenpfiff erzielte Lars Stindl das 1:2. So richtig freuen konnte ich mich darüber nicht. Surreale Gedanken stiegen in mir auf. „Ja, jetzt haben sie das Anschlusstor erzielt … dann mache ich mir wieder Hoffnung, um dann doch wieder enttäuscht zu werden." Und doch sagte mein Gefühl mir etwas anderes. Es kribbelte. Gedanken und Gefühle standen im krassen Gegensatz zueinander. Instinktiv spürte ich, dass das ein historischer Abend werden könnte. Meine Gedanken nörgelten ständig herum: „Mach dir keine großen Hoffnungen. Das geht doch eh wieder in die Hose. Dann bist du wieder enttäuscht!" Während mich die Stimme der Vernunft innerlich weiterquälte, hatte die zweite Halbzeit begonnen. „Jaaa, jaaaaaaaaaa!" Der Arm meines Nachbarn klatschte mir bei seinem Torjubel voll in die Visage. Meine Nase schmerzte. Aber das war jetzt egal. „Jaaaaaaa!", und wieder war es Stindl, der zwei Minuten nach Wiederanpfiff das 2:2 erzielte. Mit einem Schlag gab es nun keine Gedanken mehr. Nur noch Gefühle. Übermächtige Gefühle! Ich spürte, wie ich „wie ferngesteuert" durch den ganzen Block nach unten walzte. Wie ein Panzer, der über alles hinwegrollt. Ich konnte nicht mehr dort oben stehen. Wieso hatte ich mich überhaupt da oben hingestellt? War ich irre? Ich musste runter! Ganz nah ans Geschehen ran! Direkt an die Plexiglasscheibe. Je näher, desto besser. Mit Denken war es vorbei. Wie paralysiert stand ich nun hinter dieser Scheibe. Dabei konnte ich mich selbst beobachten, wie ich vergebens versuchte, mich mit den Fingernägeln da hinein zu bohren, als ob ich darin einen Halt finden könnte. Nur acht Minuten später „stindelte" es wieder. 3:2 für die Borussia. Nun gab es kein Halten mehr. Es war wie in einem Irrenhaus. Irgendein Typ, den ich nicht kannte, drückte und umarmte mich. Gerade so, als hätte ich dieses Tor geschossen. Ein weiterer krallte sich von der anderen Seite in meinen Arm. Ich konnte mich selber kaum halten – wie zum Kuckuck kam der auf die Idee, dass ich ihn auch noch halten könnte? Aber jetzt war sowieso alles egal. Überall in den Blöcken brüllten und schrien die Gladbacher, als wollten sie den Ball noch einmal ins Tor brüllen. Aber schließlich brauchte die heilige Borussia auch nur noch ein einziges Tor, um das Unmögliche möglich zu machen. Nur noch ein klitzekleines Törchen … ein klitze-, klitzekleines! „Toooor, Tooooor, Tooooooooor!“, und wieder hatte es im italienischen Kasten eingeschlagen. Christensen hatte in der 60. Minute getroffen. Hatte ich beim 3:2 schon das Gefühl gehabt, das Maximum an Freude der mitgereisten Fans sei erreicht, so wurde das nun noch einmal getoppt. Über mir fackelten unsere Ultras wieder Bengalos ab; jeder zerrte und zottelte an seinem Nachbarn herum, als ob er ihn aus einem Traum aufwecken wollte. Unter den Ultras kam ein junger Mann aus den Katakomben, der wohl gerade von der Toilette kam. Er sah aus wie ein indischer Wüstenkuckuck. Die Raute, die ihm vor dem Spiel jemand ins Gesicht gemalt hatte, war total verschwommen. Das ganze Gesicht war nur noch ein einziger schwarz-weiß-grüner impressionistischer Kladderadatsch. Seine Haare standen in alle Himmelsrichtungen und er tanzte wie ein aufgescheuchtes Huhn hin und her. Über ihm brannten immer noch die Bengalos der Ultras. Irgendjemand hämmerte wie blöde gegen das Stahltor, welches die Blöcke trennte. In dieses dumpfe Dröhnen mischten sich die Jubelschreie und Gesänge der Fans. Alle waren völlig ausgerastet, man konnte sein eigenes Wort nicht mehr verstehen. Aber reden brauchte jetzt eh keiner mehr. Wie ein Bekloppter rannte ich vor Freude hin und her, ohne zu wissen wohin und warum eigentlich. Dann drängelte ich mich wieder zwischen die Leute, die an der Plexiglasscheibe standen, nur, um dann wieder hin und her zu rennen und mir von Freunden bestätigen zu lassen, dass dies wirklich ein reales Erlebnis war. Das Ganze war unfassbar. Ein einziger Freudentaumel. Noch lange nach dem Spiel lagen sich die Leute in den Armen und beglückwünschten sich gegenseitig. In allen Gesichtern konnte man sehen, dass sie nicht nur begeistert über das Weiterkommen der Mannschaft waren, sondern auch glücklich darüber, bei diesem historischen Ereignis dabeigewesen zu sein.

„Oft büßt das Gute ein, wer Besseres sucht.“
(William Shakespeare)

Aber alles ist vergänglich und deshalb manchmal auch leidvoll. Das größte Glück kann immer auch die größte Enttäuschung beinhalten. Und so kam es: Aus einem der schönsten Erlebnisse mit unserer Borussia erwuchs auch eines der bittersten.

Schon öfter mussten wir Gladbacher herbe Niederlagen und Enttäuschung in Kauf nehmen. Das ist nicht neu, außergewöhnlich schon gar nicht. Aber das Rückspiel in der nächsten Runde der Europa League gegen Gelsenkirchen war eine der bittersten Enttäuschungen, die mir meine Borussia jemals zugefügt hat. Das war wie ein Stich ins Herz. In der ganzen, bis zu diesem Zeitpunkt laufenden Saison lief es bei Schalke überhaupt nicht. Sie dümpelten in der Bundesliga herum und schlitterten von einem Misserfolg zum anderen. Diese Herde war angezählt und vor dem Rückspiel im Borussiapark wurde sogar bekannt, dass sie sich einen Motivationstrainer, einen „Meisendoktor", geholt hatten, um sich für das Spiel in MG wieder „aufrichten" zu lassen. Was die Spieler meiner Borussia dann aber gegen diese völlig verunsicherte Ansammlung von Fußballern zeigten, war ein einziges Debakel. Aus rein ästhetischen Gründen verzichte ich lieber auf die Schilderung dieses „Spiels"! Möglicherweise würde ich mich dabei im Ton vergreifen und Menschen könnten sich beleidigt fühlen, die ich eigentlich gar nicht beleidigen möchte. Die Wahrheit ist jedoch, dass ich mich noch Wochen danach von der gezeigten Leistung unserer Fußlümmler persönlich beleidigt fühlte. Persönlich beleidigt!!! Es war, als hätten mir die eigenen Spieler durch ihr Auftreten ein Stück von meinem Herz herausgeschnitten. Man kann ausscheiden. Aber doch nicht so!

Es ist möglicherweise schon aufgefallen, dass dieses Buch nicht aus einer Aneinanderreihung der Erfolge unseres Teams besteht. Dafür gibt es andere Bücher. Auch spektakuläre Enthüllungen wird es hier keine geben. Eine Aufzählung von Ergebnissen, Aufstellungen, Taktiken und Spielern auch nicht. Detaillierte Beschreibungen einzelner Spiele schon gar nicht. Wer dies erwartet hat, wird mit Sicherheit enttäuscht. Und doch werde ich einen kleinen Ausschnitt unseres großen Borussen- Universums beleuchten und Menschen zu Wort kommen lassen, die irgendwie mit unserem Verein zu tun haben.

Aber was macht eigentlich einen Verein aus?

Seine Trophäen in der Vitrine? Sein Jahresumsatz?

Ja, das alles mag eine Rolle spielen, und vielleicht auch keine kleine. Aber was einen Verein wirklich ausmacht, ihm eine Seele einhaucht und ihn mit Leben füllt, das sind doch die Menschen. Es sind die Mitarbeiter; die Fans in ihren verschiedensten Gruppierungen; auch ehemalige Spieler, die zum Weltruhm unseres VfL beigetragen haben. Sie alle zusammen erzeugen immer wieder aufs Neue jenes Gesamtbild, welches von der Öffentlichkeit als „Borussia Mönchengladbach“ wahrgenommen wird. Menschen, die in aufopferungsvoller Hingabe für diesen Verein da sind. Oder die, die im Stadion für Stimmung und schöne Bilder sorgen; die, die ihre gesamte Freizeit hier verbringen und ihr letztes Geld ausgeben, um unsere Borussia zu unterstützen. Und dann auch noch jene, die sich der Fanbetreuung verschrieben haben, und natürlich die, die sich im Umfeld unserer Borussia tummeln und die es in dieser oder jener Lebenssituation nicht leicht hatten. Sie alle tragen mit Stolz das B auf ihrer Brust. Vor allem aber in ihrem Herzen. In ihrer Gesamtheit machen sie das aus, was man gemeinhin als den „Mythos Borussia“ kennt. Ihre Geschichten sollen hier erzählt werden. Bei allen, mit denen ich für dieses Buch über ihr Verhältnis zu unserer Borussia gesprochen habe, konnte ich das Funkeln in den Augen sehen. Jenes Leuchten, welches dem Gesprächspartner sagen will: „Hey, ich bin Borusse, und ich bin furchtbar stolz darauf!“

„Ein Mythos ist etwas, das nicht objektiv wahr, aber psychologisch wahr ist, somit bildet er eine Brücke zu allen größten Errungenschaften der Menschheit.“
(C. G. Jung)

Ob ich diesen Stolz auch in mir habe? Was für eine blöde Frage! Natürlich!!! Schon seit meiner frühesten Kindheit. Die fand in der 1970er Jahren statt. Die früheste, meine ich. Wie alt ich nun genau bin, tut hier eigentlich nichts zu Sache. Am genauesten wird mein Alter wohl in dem Film „Die Raute im Herzen“ beschrieben. Während in diesem – übrigens hervorragend gemachten – Film bei allen anderen Protagonisten jeweils ihr genaues Alter beziffert ist, wird mein Alter mit „zeitlos“ angegeben. Das trifft es wohl auf den Punkt. Was mich aber wie ein Schlag mit dem Spaten ins Gesicht traf, war, dass ich durch den Film erkennen musste, dass ich doch nur ein „Erfolgsfan“ bin. Damals nämlich – in den Siebzigern – wurde meine Borussia innerhalb nur eines Jahrzehnts fünfmal Deutscher Meister, gewann zweimal die Europa League (bzw. den UEFA-Cup, wie dieser Wettbewerb bis 2009 hieß), stand im Endspiel der Champions League (die damals noch als Europapokal der Landesmeister bezeichnet wurde), wurde zweimal Vizemeister und gewann 1973 auch noch den DFB-Pokal. Aber das war für mich nicht das Wichtigste. Das Allerschönste war vielmehr, dass der Verein für Leibesübungen 1900 e.V. Borussia Mönchengladbach zur damaligen Zeit einfach den besten Fußball gespielt hat. National. Und international. Mitreißenden Fußball. Jedes Mal, wenn wir bei uns zu Hause das Schwarz-Weiß-Fernsehgerät einschalteten, bekamen wir von meinem VfL einen Angriffsfußball vom Allerfeinsten serviert. Es war schon atemberaubend, wie der BVB mit 12:0 oder Schalke mit 7:0 abgewatscht wurden. Die Fohlen haben ihre Gegner einfach überrannt. Aber auch bei Spielen, die wir nicht im TV sehen konnten, wurden die Gegner vom Platz gefegt. Man erinnere sich nur an das 7:1 gegen Inter Mailand …

Alles für Borussia

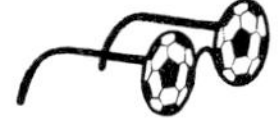

„Derby sind nur wir."

Elmar Kreuels ist Leiter der Fohlenwelt, Archivar, Leiter Stadiontourismus und zuständig für die Traditionspflege bei unserer Borussia. Ich freue mich, dass ich einen Termin bei ihm bekommen habe, und als ich sein Büro betrete, lächelt er mich an. Einfach so. Als ob wir uns schon viele Jahre kennen würden. Der ist aber nett, denke ich mir, und während ich mein Diktiergerät aus meiner Tasche herauswurschtele, höre ich ihn fragen: „Darf ich dir einen Cappuccino mit Espresso anbieten? Das ist eine Spezialität von mir." Ach, wenn ihm das so gut schmeckt, kann ich das ja auch mal probieren. „Gerne", entgegne ich und mache es mir an seinem Schreibtisch bequem. Während wir mit unserem Gespräch beginnen, nippe ich gelegentlich an Elmars heißer Kreation. Schmeckt wirklich gut. Doch das Beste an seiner Spezialmischung ist, dass ich noch zwei Nächte lang daran denken würde. Da ich Kaffee sonst nur gelegentlich in geringen Mengen zu mir nehme, schlug dieses Teil bei mir ein wie eine Bombe. Zwei Nächte konnte ich nicht richtig schlafen, und ich möchte mich auf diesem Wege noch einmal für diesen spektakulären Wachmacher bedanken. Und all denen, die es morgens etwas schwerer haben in Gang zu kommen, möchte ich Mut machen: Es gibt eine Lösung! Probiert mal „Elmars Spezial" aus! Davon wird garantiert jeder wach. Selbst ein kanadischer Grizzlybär während seines Winterschlafs.

Doch lassen wir nun Elmar zu Wort kommen.

„Bereits als kleiner Junge habe ich begonnen, Fohlenechos zu sammeln. Die hat mir mein Vater immer vom Bökelberg mitgebracht. Natürlich hat er mir damit auch Lust gemacht, mal mit ihm zusammen ins Stadion zu gehen, und nachdem ich ihn immer und immer wieder genervt hatte, durfte ich schließlich 1967 das erste Mal mit. Damals gab es noch die ganz alte Tribüne, auf der es nur in der Mitte Sitzplätze gab. Rechts und links davon waren überdachte Stehplätze. Für mich und meinen Bruder kauften wir immer die sogenannte Jugendkarte, mit der man eigentlich nur einen Stehplatz ohne Überdachung bekam. Mein Vater kannte jedoch einen Ordner, der für den überdachten Bereich zuständig war. Wenn gerade keiner guckte, ließ er uns heimlich auf die überdachte Stehplatztribüne wechseln. Und in seinem Mantel hatte er immer viele Fohlenechos, von denen er mir jedes Mal eins schenkte. Das befeuerte meine Sammelleidenschaft noch mehr. Seit jenem Jahr gehe ich ununterbrochen zu unserer Borussia und habe von 1970 – von der ersten Meisterschaft an – alle Titel live erlebt. Ja, ich war bei allen dabei.

Beim Gewinn der ersten Meisterschale war ich zehn Jahre alt. Es war rappelvoll. Einige Reihen hinter uns stand eine Gruppe von Borussiafans, die mit der Meisterfeier schon vor dem Anpfiff begonnen hatte. Einem war das wohl nicht so gut bekommen. Der wurde spontan von seiner Übelkeit übermannt und verlor leider die Kontrolle. Ohne Vorwarnung hat er sich übergeben und mir einen Schwall von hinten auf die Klamotten gekotzt. Das war wirklich unangenehm, aber unsere Borussia ist an dem Tag Deutscher Meister geworden, da war mir alles egal. Man könnte es auch so ausdrücken: Vollgekotzt, aber trotzdem glücklich – Deutscher Meister 1970!

Am 20. Oktober 1971 spielte unsere Borussia im Achtelfinale der Champions League gegen Inter Mailand. Die waren in jenen Tagen ein europäisches Spitzenteam. Das Spiel fand abends statt und ich musste am nächsten Tag in die Schule. Deswegen durfte ich nicht hingehen. Außerdem fand mein Vater, dass es für mich wegen der italienischen Fans zu gefährlich sei. Ein Kegelbruder von ihm war jedoch der Meinung, dass auch elfjährige Borussiafans das Recht hätten, einem solchen Top- Spiel beizuwohnen: ‚Hörrens, Walter', sagte er beschwörend zu meinem Vater, ‚das kann doch wohl nicht wahr sein, dass du den Elmar da nicht hin lässt! Da kommt Inter Mailand und er darf nicht mit ins Stadion? Walter, dr Jung kütt mit!' Und besagter Kegelbruder hatte auch noch Karten für Sitzplätze auf der Haupttribüne. Das war etwas ganz Großes für mich, gerade bei diesem Spiel! Ich freute mich wie Bolle, als er mich zu Hause mit seinem Sportwagen abholte. Dazu bekam ich von ihm noch zwei Matchbox Autos geschenkt. Ich war soooo stolz! Ich bekam diese Spielzeugautos geschenkt, ich wurde in so einem Schlitten abgeholt und ich durfte mit zu Inter, ich saß das erste Mal auf der Tribüne und erlebte dann dieses Wahnsinnspiel! Und unsere Borussia fegte die hochgelobten Italiener mit 7:1 vom Platz. Die Mailänder wussten überhaupt nicht so richtig, was Sache war. Dabei hatten sie im Vorfeld noch gefrotzelt: ‚Was ist das denn überhaupt – Mönchengladbach? Das haben wir ja noch nie gehört!' Die benahmen sich wirklich sehr hochnäsig und arrogant. Doch unsere Fohlen haben die einfach überrannt, an die Wand gespielt. Es wird ihnen wohl Tage danach noch schwindelig gewesen sein. Leider liegt über diesem rauschenden Fußballfest die Tragödie des ‚Büchsenwurfs'. Ein Zuschauer warf eine leere Coladose auf das Spielfeld, die den bärenstarken Mailänder Boninsegna an der Schulter traf. Da rannte einer seiner Mitspieler auf ihn zu und schrie ihn an, er solle sich fallen lassen. Wie vom Blitz getroffen fiel der nun um, und als er wieder aufstehen wollte, haben ihn seine Mitspieler immer wieder runtergedrückt. Durch diese große schauspielerische Leistung wurde das Spiel später von der UEFA annulliert. Ich habe das so in Erinnerung, dass diese Dose aus dem unteren Bereich der überdachten Stehplätze der Haupttribüne geworfen wurde. Der, den man damals festgenommen und abgeführt hat, ist danach nie mehr in ein Fußballstadion gegangen. Ich habe den noch genau in Erinnerung. Bis heute beteuert er seine Unschuld. Ich glaube auch nicht, dass er's gewesen ist. Der sah nicht wie einer aus, der beim Fußball Krawall macht. Es gibt sogar mehrere Aussagen von Augenzeugen, dass es Italiener gewesen wären, die durch den Dosenwurf einen Spielabbruch erreichen wollten. Und in diesem Bereich, aus dem die Dose geflogen kam, haben wirklich einige Inter-Fans gestanden. Seinerzeit hatten die Italiener auch einige Leute in offiziellen Funktionen bei der UEFA sitzen. Tja, … ich sag mal so: Heute würde ein solches Spiel nie und nimmer deswegen annulliert werden. Es wurde ein Wiederholungsspiel angesetzt, das mindestens 500 Kilometer von Mönchengladbach entfernt ausgetragen werden musste. Es fand in Berlin statt und ging 0:0 aus. In dieser Partie brach Boninsegna unserem Luggi Müller kurz vor dem Abpfiff das Schien- und Wadenbein! Jener zart besaitete Boninsegna, der von dem Treffer einer leeren Coladose an seiner Schulter auf theatralische Weise ‚fast gestorben' wäre. Heute steht die Coladose als ‚historisches Objekt' im Foyer des Borussiaparks.

Ein anderes besonderes Ereignis, das ich nie vergessen werde, ist das Pokalendspiel 1973 gegen Köln. Es war brütend heiß und ich fuhr mit meinem Vater, meinem Bruder und einem Freund mit dem Auto ins Düsseldorfer Rheinstadion. Die Hälfte der Zuschauer waren Gladbachfans und die andere Hälfte Kölner. Es war das letzte Spiel von Günter Netzer für unsere Borussia. Danach wechselte er zu Real Madrid. Trainer Weisweiler hatte ihn nicht mit in der Startelf und ‚Jünter', wie er von allen in Gladbach immer genannt wurde, musste auf der Auswechselbank Platz nehmen. Nach 90 Minuten stand es 1:1 und es ging in die Verlängerung. Immer lauter wurden die Sprechchöre der Borussiafans: ‚Neeeeetzer! Neeeeetzer!' – immer wieder dieses langgezogene ‚Neeeeetzer!' Ein Raunen ging durch die Menge, als wir sahen, dass er seine Trainingsjacke ablegte. ‚Neeeeetzer! Neeeeetzer!', hallte es wieder durch das Rund. Die Kölner wurden immer leiser. Das ist wohl einer der legendärsten Momente im deutschen Fußball. Jahre später sagte Netzer, dass er Trainer Weisweiler einfach zugerufen hat: ‚Ich geh dann mal rein!' Dann wechselte er sich selbst ein. Seine erste Aktion im Spiel war ein Doppelpass mit Rainer Bonhof. Dann zog er ab und knallte den Ball ins Kölner Tor. Da stand er erst drei Minuten auf dem Platz und erzielte das entscheidende Tor zum 2:1 Sieg. Damit machte er sich unsterblich und Mönchengladbach zum Pokalsieger! So etwas kann man nicht erfinden. Solche Ereignisse schreibt kein Regisseur. Das gibt es nur beim Fußball. So etwas passiert nur bei unserer Borussia! Das war ein Wahnsinnserlebnis. Sowieso sind die Siege gegen den FC immer die schönsten!

Eigentlich ist jedes Derby für mich ein besonderes Erlebnis. Wenn wir früher in Köln spielten, fuhren wir im Konvoi. Wir trafen uns immer 12.30 Uhr in Jüchen. 15-20 Autos hintereinander und bei allen hingen die Borussenschals aus den Fenstern. Damals war das Verhältnis zu den FC Fans noch nett und lustig, und ich habe nie mitbekommen, dass es dort Stress gab. Es sind ja auch jetzt auf beiden Seiten nur ein paar wenige Idioten, die alles kaputt machen wollen. Schon als kleiner Junge fuhr ich mit meinem Vater immer vor dem Spiel in Köln in das Landhaus *Zum Kuckuck*. Das ist nicht weit weg vom Stadion, und es gibt dort einen riesigen Biergarten. Dort war immer ein buntes Treiben zwischen den FC- und den Gladbachfans. Kein Stress. Man neckte sich höchstens ein bisschen. Ich persönlich habe doch auch lieber den FC Köln im internationalen Fußball als Leverkusen oder Wolfsburg. Auch die Kölner sagen ja: ‚Derby ist nur gegen Borussia!' Selbst für die eingefleischtesten FC Fans ist das Spiel gegen Leverkusen kein Derby. Derby sind nur wir.

Das mit Abstand traurigste Erlebnis, das ich mit unserer Borussia hatte, ist das Pokalendspiel 1993. Diese Niederlage gegen Hannover schmerzt mich sehr, weil ich – weil eigentlich jeder damit gerechnet hatte, dass man einen Zweitligisten aus dem Stadion schießt. Aber das war damals eben der Gelsdorf'sche Angsthasenfußball. Da war ich wirklich traurig. Und die Abstiege. Die haben so richtig wehgetan. Die größte Enttäuschung aus der neueren Zeit ist das Ausscheiden gegen Schalke in der Euro League. Das ist mir noch einige Tage nachgegangen. Aber das ist auch wieder typisch Borussia …

Neben all diesen wunderschönen, traurigen oder dramatischen Erlebnissen mit unserer Borussia habe ich auch immer weiter gesammelt. Anfang der 1980er Jahre lernte ich meine Frau kennen und sie wusste von Anfang an, dass es mit mir nur funktioniert, wenn sie auch die Borussia akzeptiert. Damals lag die große Sammlung meiner ganzen Fohlenechos noch bei meinen Eltern zu Hause in einem Einbauschrank. Als ich schon mit meiner Frau zusammenlebte, rief mich meine Mutter eines Tages an und fragte, was denn eigentlich mit diesen ganzen Heften sei. ‚Kann ich die nicht mal wegschmeißen?' Da bin ich richtig nervös geworden. ‚Nee, davon packst du bitte nicht ein einziges Heft an! Die komme ich gleich morgen holen!' Ich habe die Hefte sofort gesichert. Als meine Frau und ich 1985/86 dann ein eigenes Haus gebaut haben, habe ich von Anfang an klargemacht, dass ich ein Zimmer nur für mich und meine Borussia haben möchte, und dann habe ich – was das Sammeln angeht – erst so richtig losgelegt. Die alten Fohlenechos wurden sortiert, in Klarsichtfolien verpackt und in Jahrgangsordnern zusammengestellt. Ab da habe ich einfach alles gesammelt, was ich in die Finger kriegen konnte.

Ratzifatzi war das Zimmer voll, vom Boden bis zur Decke: alles voll mit Borussia-Devotionalien. Zum Schluss lag da sogar ein großes Stück vom Original-Teppichboden der Ausstellung *100 Jahre Borussia Mönchengladbach*. Für diese Ausstellung hatten viele Sammler ihre Sachen hingegeben, und auch zu mir hatte der damalige Museumsdirektor Kontakt aufgenommen. Als er zu uns nach Hause kam, war er sehr überrascht, wie gut ich meine Sammlung geordnet hatte, und viele meiner Exponate wurden dann in der Ausstellung gezeigt. Markus Aretz und Stefan Schippers von

Borussia haben den Museumsdirektor gefragt, wen er denn durch diese Ausstellung alles kennengelernt hätte, und ob jemand dabei sei, der dazu fähig wäre, die Historie Borussias zu bewahren. ‚Der Kreuels', hat er sofort gesagt, ‚der ist nicht nur gut aufgestellt, sondern auch gut sortiert.' Ich werde jenen Tag nie vergessen. Ich war mit meiner Frau von einem Spanienurlaub gegen 5.00 Uhr morgens zurück nach Hause gekommen, nach 24 Stunden Autofahrt. Wir waren gerade eingeschlafen. Um 8.00 Uhr schellte das Telefon: ‚Wir suchen jemanden, der für die Borussia das Archiv macht. Könnten Sie sich das vorstellen?' Ich war noch total verpennt. ‚Ja, könnte ich mir schon vorstellen …' ‚Haben Sie Zeit, um das mit uns zu besprechen?' ‚Wann denn?' ‚Na, jetzt!' ‚Hmm, ich komme.' Plötzlich war ich hellwach. Schnell geduscht und zum Gespräch mit Herrn Schippers und Herrn Aretz gefahren. Und dann war ich mittels Handschlag der neue Archivar unserer Borussia. So hat alles angefangen. Inzwischen musste ich schon mehrmals mit dem Archiv umziehen. Zuerst war es am Bökelberg, dann in einer alten englischen Schule. Jetzt ist es im Borussiapark, und wenn die neue Fohlenwelt fertig ist, ziehe ich mit dem Archiv dort ein.

Es ist wirklich sehr schön, wie sich das alles für mich entwickelt hat. Aus der anfangs ehrenamtlichen Tätigkeit wurde eine nebenberufliche, bis sie allmählich zur hauptberuflichen Arbeit geworden ist. Am liebsten würde ich noch 30 Jahre für Borussia arbeiten – zumindest aber so lange, wie es irgendwie geht.

Als wir uns von unserem schönen Bökelberg verabschieden mussten, wurden alle ehemaligen Borussia-Mannschaften eingeladen. Die Spieler habe ich an jenem Tag betreut. Seitdem bin ich auch noch für die Traditionspflege zuständig. Ich organisiere einen regelmäßigen Stammtisch und kümmere mich an den Spieltagen um die ehemaligen Spieler, die zu uns kommen. Vor jedem Heimspiel lege ich eine Gästeliste an, und am Spieltag schauen wir dann, ob die angemeldeten Karten auch wirklich von unseren Ehemaligen genutzt werden. Das war zu Bökelbergzeiten noch ganz anders. Da hat freitags jemand in der Geschäftsstelle ‚Karten für Ehemalige' abgeholt und dann nach eigenem Gutdünken verteilt. Leider nicht immer an die, für die sie eigentlich gedacht waren. Das haben wir jetzt verbessert.

Als Archivar habe ich bezüglich des Europapokalspiels in Magdeburg 1981 die Gauck-Behörde angeschrieben. Nun habe ich eine fette Mappe mit ganz interessanten Unterlagen hier liegen. Darin steht auch, dass sich einige Ostdeutsche Borussiafans in die Nähe der Gladbacher Spieler begeben haben und dann seitens der Stasi gehörig gemaßregelt wurden. Überhaupt würde ich gern einmal etwas zu unseren Fans sagen. Mir gefällt unglaublich gut, dass die Borussiafans eine gute Spürnase haben und immer wissen, wie sie mit der Mannschaft und dem Verein umgehen müssen. Ich selbst habe am Bökelberg sehr oft in der Nordkurve gestanden. Daher weiß ich eben, dass unsere Fans dieses tiefe Empfinden, dieses Fingerspitzengefühl haben, wann sie pfeifen und wann sie bedingungslos anfeuern müssen. Sie tragen ihren Teil dazu bei, was wir allgemein als Mythos Borussia kennen. Von überall kommen sie her: aus ganz Deutschland, aus Europa und der ganzen Welt. Sie ‚leben' Borussia – egal wo wir gerade auf unserem Planeten spielen.

Natürlich ist auch entscheidend, dass die Fohlenelf in den 1970er Jahren einen herzerfrischenden Fußball gespielt hat, der die Massen einfach elektrisiert hat. Da wurde der Grundstein zum Mythos Borussia gelegt. Überall, wo ich auf der Welt schon war: Wenn ich erzähle, dass ich aus Mönchengladbach komme, sagen alle: ‚Ah, Borussia …!'"

Während ich mein Diktiergerät wieder in meiner Herrenhandtasche verstaue, denke ich, dass es wohl sehr weitsichtig von den Entscheidungsträgern ist, solche höchst engagierten Personen wie Elmar mit ins Boot zu holen und bei Borussia arbeiten zu lassen. Denn genau diese Menschen sind die Seele unseres Vereins. Und das macht ein gutes Gefühl!

Fohlenstall

„Fohlenstall“ ist der Spitzname für das Internat der Nachwuchskicker von Borussia. Hier wohnen die jungen Fußball-Talente, die teilweise von sehr weit her kommen, aus ganz Deutschland und bisweilen auch anderen Ländern. Frau Lintjens ist die Internatsmutter. Auch ihr Mann, der eigentlich Haustechniker im Borussiapark ist, hilft gelegentlich mit. Ich besuche Frau Lintjens im Fohlenstall und werfe einen Blick hinter die Kulissen. Doch bevor man den Fohlenstall betreten kann, müssen erst schwere Stahltüren aufgeschlossen werden. So einfach kommt hier keiner rein. Im Internat sind unsere Fohlen beschützt und gut behütet.

„Angefangen hat es mit einer Dame, die von allen liebevoll Tante Titti genannt wurde. Sie war eine Fabrikantenwitwe mit einem großen Haus und fühlte sich sehr mit unserer Borussia verbunden. Wahrscheinlich war sie auch sehr gutherzig, denn sie gab jungen Spielern ein Zuhause, die von weit her kamen und noch keine eigene Wohnung hatten. Dieser Grundgedanke von Tante Titti hatte mich schon immer tief beeindruckt. Einer der ersten, der bei ihr gewohnt hat, war Uli Sude und einer der letzten war Stefan Effenberg. Nach ihrem Tod wurde das Haus leider geschlossen. Als der Borussiapark neu eröffnet wurde, bekam ich einen Anruf von Christian Hochstätter. Der bat mich, ins Stadion zu kommen. Ich wusste gar nicht so recht, was ich da sollte, weil zu diesem Zeitpunkt keiner meiner drei Söhne bei Borussia spielte. Bei dieser Besprechung hat er mich gefragt, ob ich mir vorstellen könne, das neue Internat mit aufzubauen. Zuerst war ich etwas irritiert, aber man hat das auch sehr geschickt gemacht. Plötzlich kamen nämlich während des Gesprächs ein paar von den Jungs herein, die hier einziehen sollten. Die waren alle so nett! Und dann schaut man in diese Gesichter und hört die Verantwortlichen sagen: ‚Ach bitte, machen Sie das doch!‘ Da blieb mir schließlich gar nichts weiter übrig! Ich sagte: Na gut, dann fange ich morgen früh mal mit einem kleinen Frühstück für unsere Fohlen an! Und dann haben wir einfach angefangen …

„Jedem Anfang wohnt ein Zauber inne, der uns beschützt und der uns hilft, zu leben.“
(Hermann Hesse)

Damals war das hier noch eine Baustelle. Weil wir ja gar nichts hatten, ging ich zu den Bauarbeitern und borgte mir einen Tapeziertisch. Den habe ich hübsch zurechtgemacht, frische Brötchen geholt, und dann ging es los. Das war eine sehr spannende Zeit. Die Jungs hatten noch keine Schlüssel für ihre Zimmer, und wenn die Türen zufielen, mussten wir jedes Mal die Handwerker holen, damit sie wieder in ihre Appartements kamen. Dann kamen die Möbel, dann kam die Küche und peu à peu haben wir das Ganze hier aufgebaut.

Da wir bei niemandem ‚abgucken' konnten, mussten wir immer wieder aufs Neue überlegen, wie wir etwas umsetzen könnten. Diese besonderen Umstände haben uns zusammengeschweißt und deshalb ist die Erstbesetzung wirklich eine ganz besondere für mich. Alles war spannend, keiner wusste so richtig, wo das alles noch hinführen würde. Die Jungs fanden es toll, dass sie nun im Stadion wohnen durften. Jeder, der neu dazukam, fragte, ob sein Zimmer denn ein Fenster nach hinten raus hat, damit er von seinem Appartement die Spiele der Borussia sehen kann. Auch ich wohne mit meiner Familie direkt im Stadion. Das konnten wir uns anfangs gar nicht richtig vorstellen. Wir hatten vorher eine sehr schöne, große Wohnung in der Nähe vom Wasserturm und das hier war alles noch Baustelle. Als ich mich mit meinem Mann zusammen auf dem Einwohneramt ummelden wollte, sagte die Dame, dass das nicht ginge. ‚Hennes-Weisweiler-Allee 1 – das geht nicht, da ist das Stadion. Da kann man doch nicht wohnen!' ‚Doch, wir wohnen da …'

Es war sehr wichtig, dass ich mit meiner Familie hier einziehen musste. Die Jugendlichen müssen nämlich rund um die Uhr betreut werden. Es hätte nicht funktioniert, wenn ich nachts erst eine längere Anfahrt gehabt hätte, wenn einer der Jungs krank wird. Da ist es schon besser, wenn man vor Ort ist, falls etwas passiert. Selbst vom Training kommen die manchmal nicht wieder heile zurück. Und nun wohnen wir mit den Kindern hier zusammen wie eine große Familie. Jeder der zwölf Jungs hat ein eigenes Appartement, Küche und der Fernsehraum sind für alle. Jeden Abend treffen sich alle in den Gemeinschaftsräumen. Außenstehende können sich wohl nur schwer vorstellen, wie viel Leben hier herrscht, wenn die vom Training kommen und Hunger haben. Dann sitzen wir alle zusammen am Tisch. Aber dass sie wie Geschwister wären, kann man nicht sagen. Die kommen ja noch nicht einmal alle aus demselben Land! Da gibt es große Unterschiede. Jeder einzelne bringt von zu Hause etwas anderes mit. Positives wie Negatives.

Die Jungs, die zu uns kommen, waren in ihren früheren Vereinen immer herausragend und sind sehr talentiert. Sie waren in ihren Dörfern und Gemeinden schon kleine Stars und wurden von vielen hofiert wie kleine Könige. Wenn sie dann zu uns in den Fohlenstall kommen, müssen sie feststellen, dass hier noch elf andere kleine Könige sitzen, die mindestens genauso gut sind wie sie selbst. Manche sogar noch besser. Für den einen oder anderen ist das am Anfang sehr schwierig. Da braucht es Zeit, bis sie damit zurechtkommen. Das gilt auch für viele Eltern. Auch die müssen erkennen, dass es elf andere Elternpaare gibt, die genau wie sie selbst ihr Kind für den tollsten Fußballer halten. Manche Erziehungsberechtigte haben eine sehr große Erwartungshaltung. Sie projizieren eigene Wünsche und Hoffnungen auf ihre Söhne, so dass einige Jungen schon überfordert sind, bevor es im Fohlenstall richtig losgeht. Nicht alle werden hier Profi, und nicht jeder kann ein Weltstar werden. Für einige Eltern ist das schlimm, wenn sie erkennen müssen, dass nun gerade *ihr* Sohn nicht so oft spielt. Dabei haben sie doch so große Hoffnung in die vermeintliche Karriere ihres Kindes gelegt. Es gab auch schon welche, die dachten, dass es für ihren Filius ab jetzt, wo er in den Fohlenstall aufgenommen wurde, steil bergauf geht bis hin zum Multimillionär. Aber es gibt auch das Gegenteil. Wir hatten hier auch schon Eltern, die ihr Kind bei uns abgegeben haben und sagten: ‚Ach, das wird sowieso nichts! Wem gelingt es denn schon, Profi zu werden.‘ Und dann ging genau dieser Junge so zielstrebig und erfolgreich seinen Weg, und es ging bei ihm so schnell bergauf, dass sie gedanklich kaum hinterher kamen. Und plötzlich steht er dann auf dem Rasen des Borussiaparks und man glaubt es kaum.

„Es wird nie rote Rosen regnen. Wenn wir mehr Rosen wollen, müssen wir mehr Rosen pflanzen.“
(George Eliot)

Ich stehe in ständigem Kontakt mit den Eltern. Es sind überwiegend die Mütter, die sich bei mir nach ihren Söhnen erkundigen. Die Mutter von einem Jungen, der bei uns ein ganz Großer geworden ist, hat sich nur für eine einzige Sache interessiert, als sie damals das erste Mal in den Fohlenstall kam: Wo denn hier der nächste Arzt sei. Das war mir gleich sympathisch. Zu dieser Frau habe ich bis heute noch ein sehr gutes Verhältnis. Die Väter sprechen lieber mit meinem Mann oder mit dem Trainer. ‚Welche Position spielt mein Junge jetzt? Wie entwickelt er sich spielerisch?' – und dabei wird jedes Detail eines Spiels analysiert. Aber das ist gut so, denn ich könnte gar kein kompetentes Fachgespräch über die fußballerische Entwicklung der Jungs führen. Ich kann dafür sagen, ob sie gut essen, ob sie genügend Vitamine zu sich nehmen. Ich kann auch präzise Auskünfte darüber geben, wie sie sich in ihrer Persönlichkeit entwickeln und ob sie beispielsweise Liebeskummer haben.

Man sollte bei aller Freude über ihr großes fußballerisches Talent auf keinen Fall vergessen, dass sie ganz normale Jungs sind, mit Wünschen, Sorgen und Nöten. Einige stecken noch in der Pubertät und haben die üblichen Probleme, die dieses Alter eben mit sich bringt. Und nur weil sie bei Borussia spielen, heißt das noch lange nicht, dass sie keine Angst haben – vor einem Arztbesuch, vor Verletzungen oder einer Operation. Dann die erste Freundin, Liebe, Trennung, für's Abi lernen – all das müssen sie genauso durchmachen wie ihre Alterskollegen außerhalb des Fohlenstalls. Dazu kommt aber der hohe Leistungsdruck, der vielleicht durch die Erwartungshaltung der Eltern noch zusätzlich verstärkt wird; Druck den sie sich selber machen, weil sie Angst haben, den Sprung zu den Profis nicht zu schaffen; Angst davor, wieder in ihren Heimatort zurück zu müssen und dort dann als Loser dazustehen. Die haben in ihrem Alter wirklich schon sehr viel Stress.

Als Fußballer von Borussia müssen sie sich auch in der Öffentlichkeit immer gut benehmen. Auf die Fohlenstall-Jungs schaut man in MG doch besonders! Morgens im Bus, in der Schule – immer werden sie von den anderen argwöhnisch beäugt. Das ist schon nicht einfach für sie, in dem Alter unter ständiger Beobachtung zu stehen. Es ist auch schon einmal vorgekommen, dass sich ein Mädchen an zwei Fohlenstall-Jungs gleichzeitig herangemacht hat und heimlich – ohne dass der andere etwas davon wusste – mit beiden ausgegangen ist. Und es gibt eine Familie in Mönchengladbach, die viele Töchter hat. Wir wissen, dass der Vater zu seinen Töchtern gesagt hat, sie dürften sich nur einen Freund nehmen, der bei Borussia spielt, damit die Familie später ausgesorgt hat.

Der Fohlenstall muss daher umso mehr ein Rückzugsgebiet sein, in dem sie wirklich zur Ruhe kommen können. Wenn sie die Seele baumeln lassen wollen, sollen sie das hier auch können. Ich versuche auch darauf einzugehen, was sie gerne essen. Aber mindestens genauso wichtig ist, dass ich ihnen zuhöre: ‚Der doofe Lehrer …, der Trainer war heute wieder gemein zu mir!' Der Fohlenstall soll ein geschützter Ort sein, sie sollen sich hier wohlfühlen und alles rauslassen können. Zum Glück hat uns Max Eberl oben ein Stück der Terrasse gegeben. Da stellt mein Mann im Sommer Liegestühle raus und da können die sich auch mal ungestört sonnen. Dort kommt keine Stadionführung hin, und vor allem kann sie dort auch kein Reporter fotografieren.

„Was ist denn", frage ich Frau Lintjens, „wenn ein Junge fußballerisch durch die Decke geht, wenn man absehen kann, dass das mal ein großer Star wird, und wenn aber genau dieser Junge null Bock auf Schule hat?"

„Naja, das haben wir auch schon erlebt", antwortet sie schmunzelnd, und vermittelt dabei den Eindruck, als würde sie jetzt gerade an einen sehr bekannten Profi denken. „Es gibt für jedes Kind und für jedes Fach Nachhilfe von ausgebildeten Pädagogen. Jeder bekommt hier Unterstützung. Auch unser Sportdirektor Max Eberl legt großen Wert darauf, dass unsere Jungs in der Schule nicht abbauen. Wir stehen in ständiger Verbindung mit den Schulen. Die rufen sofort bei uns an, wenn ein Junge vom Fohlenstall keine Leistung mehr bringt oder in der Schule Faxen macht."

„Die Zweige geben Kunde von der Wurzel."
(Chinesische Volksweisheit)

Mir wird klar, dass für die Jungs hier wirklich gut gesorgt wird. Wahrscheinlich ist der Fohlenstall das Beste, was einem heranwachsenden Fußballer passieren kann. Hier ist an alles gedacht, und das Netzwerk aus Schule, Ärzten und ständiger Kommunikation mit den Eltern gewährleistet eine ganzheitliche Betreuung der zukünftigen Bundesligaspieler. Trotzdem wird hier keiner verhätschelt. Die Leistungen – sei es im sportlichen oder schulischen Bereich – müssen die Jungs schon selber bringen.

„Demnächst ziehen sechs Jungs hier aus. Es ist immer sehr traurig, wenn sie lange hier gewohnt haben und dann gehen müssen. Sie kommen in den Seniorenbereich und nehmen sich eine eigene Wohnung. Dann kommen sechs neue dazu, die sich erst einmal orientieren müssen. Für so manchen zieht sich die Eingewöhnungszeit über ein Vierteljahr hin und das Heimweh spielt oft noch sehr lange eine große Rolle. In der Regel kommen sie im Alter von 15 bis 19 zu uns, aber es gab auch schon Jungs, die mit 14 gekommen sind."

Während wir uns unterhalten, kommen einige Jungs von der Schule. Sie drücken Frau Lintjens zur Begrüßung und man spürt sofort, was für ein herzliches Verhältnis zwischen ihnen herrscht. Indem sie sich im Vorbeigehen ein Brötchen schmieren, erzählen sie noch schnell, wie es in der Schule war, wann das nächste Training beginnt und wann der nächste Arztbesuch ansteht. Gelassen und verständnisvoll hört ihnen Frau Lintjens zu und registriert dabei jeden Termin, den sie mit ihnen einhalten muss. Ich bin tief beeindruckt, da ich ein Mensch bin, der sich kaum seine eigenen Termine merken kann, geschweige denn die von anderen. „Tschö", murmelt einer der Nachwuchskicker, steckt sich sein halbes Brötchen in den Mund, schnappt seine Sporttasche und ist auch schon wieder verschwunden.

Wer die Leistungsanforderungen nicht erfüllen und das fußballerische Niveau nicht halten kann, muss auch aus dem Fohlenstall ausziehen. Die Wege, die diese jungen Männer dann einschlagen, sind völlig unterschiedlich, nicht alle versuchen, ihre Fußballkarriere woanders fortzusetzen. Die, die bleiben, nehmen sich meist mit 18 Jahren eine eigene Wohnung.

„Es ist doch völlig klar, dass nicht jeder ein großer Fußballstar werden kann, nur weil er hier einmal gelebt hat. Wenn die Jungs merken, dass sie den Sprung in den Profisport nicht schaffen, kommt manchmal der Frust. Sie haben dann das Gefühl, versagt zu haben. Wir hatten hier auch mal einen, mit dem sein eigener Vater aus Enttäuschung nicht mehr gesprochen hat, als klar wurde, dass er den Sprung in den Profibereich nicht schafft. Das sind tiefe Schicksalsschläge. Einer der Fohlenstall-Jungs hat aus Frust eine Schlägerei in der Altstadt angezettelt, damit er dann zu Hause erzählen konnte, er sei nur wegen der Prügelei gefeuert worden. In Wirklichkeit hat er den Leistungsanforderungen im Männerbereich nicht mehr genügt. Das ist sehr traurig, und für manche bricht dann eine Welt zusammen.

Als damals Robert Enke durch Suizid gestorben ist, stand ich gerade im Aufenthaltsraum. Die Hütte war voller Jungs. Mein Mann rief mich an und sagte, ich solle doch mal den Fernseher anmachen. Alle waren sehr betroffen. Mir ging das sehr an die Nieren, weil ich Robert persönlich kannte. Ich wusste in dem Moment vor lauter Traurigkeit gar nicht, was ich machen sollte. Ich dachte immer nur: Wie sollen wir mit so einer Situation umgehen? Mir fiel nichts anderes ein, als den Jungs vorzuschlagen: ‚Wer möchte, kann in fünf Minuten oben in den Spieleraum kommen. Dort beten wir einmal für den Robert das Vater Unser.' Irgendwie habe ich in dieser Situation nur noch funktioniert. Wir hatten zu diesem Zeitpunkt nicht nur Christen hier, auch Muslime und was weiß ich noch alles, sicher auch Jungs ohne besonderen Glauben. Ich wusste wirklich nicht, was man nun machen sollte, und wie man die Kinder in einer solch traurigen Situation auffangen kann. Und dann wollen doch Jungs in dem Alter in einer Gruppe immer so cool sein. Daher dachte ich, dass wohl keiner kommen würde. Trotzdem habe ich schnell eine Kerze auf den Billardtisch gestellt. Dann ging die Tür auf und es kamen wirklich alle. Egal, welche Konfession oder auch nicht – es kamen alle! Wir haben uns an den Händen gefasst; wir haben uns gegenseitig festgehalten und das Vater Unser gebetet. Einer war so betroffen, dass er wirklich nicht mehr an sich halten konnte. Es liefen die Tränen, es war so traurig … und wir waren alle so hilflos. So viele traurige Jungs – es war wirklich furchtbar. Irgendwann sind wir alle zusammen wieder in den Aufenthaltsraum gegangen. Ein Junge hat sich in eine Decke eingerollt und wir haben zusammen getrauert und einfach nur erzählt, was uns gerade dazu eingefallen ist. Es war schlimm. In dieser Not sind wir alle zusammengewachsen.

So eine ähnliche Situation hatten wir davor schon einmal, als der Opa eines unserer Jungen gestorben ist. Damals sind auch alle zusammengekommen, haben sich im Aufenthaltsraum in Decken eingewickelt und wie kleine Welpen nebeneinandergelegt. Teilweise sind sie dann auch so eingeschlafen. In der Not sind wir immer zusammengerückt, das macht uns Menschen ja auch irgendwie aus. Das hat mich sehr berührt. Freude und Leid erleben wir im Fohlenstall immer alle gemeinsam.

Auch wenn ein Junge verletzt im Krankenhaus liegt, weiche ich ihm nicht von Seite. Das ist wichtig. Trotzdem muss es im Fohlenstall weitergehen. Deshalb rufe ich vom Krankenhaus an und sage den Jungs, was sie zu machen haben. Normalerweise bin ich überhaupt nicht streng. Aber dann muss es auch ohne mich klappen, dann muss es funktionieren, und dann bin ich streng! Es ist aber immer wieder schön zu sehen, wie die Jugendlichen, die normalerweise doch etwas nachlässig sind bei den Hausarbeiten, in so einer angespannten Situation voll mit anpacken, so dass der Laden läuft. Das ist mir sehr wichtig, denn ein krankes Kind geht immer vor! Dann müssen alle mitziehen, und das machen sie auch. Ich vertraue meinen Jungs. Ich lasse auch meine Handtasche im Aufenthaltsraum stehen, mit Portemonnaie, Schlüsseln und Ausweisen. Manche verstehen das nicht. Aber dann erkläre ich denen: Wir leben hier alle für eine lange Zeit zusammen unter einem Dach. Wenn so etwas nicht funktionieren würde, dann hätte ich die verkehrten Jungs hier!

Dass die Fohlenstall-Jungs in Mönchengladbach in der Öffentlichkeit erkannt werden, sagte ich ja bereits“, erzählt Frau Lintjens weiter. „Zwei unserer Hoffnungsträger sind einmal in ihren Heimatort gefahren, der über 300 km von hier entfernt liegt. Sie wollten sich abends etwas vergnügen und gingen in die Disco. Ohne ihr Zutun wurden sie in eine Massenschlägerei verwickelt und bekamen auch etwas ab. Da saßen sie nun nachts in der Notaufnahme und waren froh, dass das nicht in Mönchengladbach passiert war. ‚Gut, dass uns hier keiner kennt!‘ Als dann die Versicherungskarte von den Krankenschwester eingelesen wurde, huschte ein breites Grinsen über ihr Gesicht: ‚Kennt ihr bei Borussia einen Herr Soundso?‘ ‚Um Gottes Willen, woher kennen Sie den denn? Das ist unser Trainer!‘ ‚Der hat früher bei uns im Nachbarhaus gelebt, und wir sind zusammen aufgewachsen. Bestellt ihm viele Grüße!‘

Als Nico Brandenburger zu uns in den Fohlenstall kam, fragte er mich, ob er in das Appartement Nummer 6 einziehen könne. ‚Das ist doch das Profi-Appartement‘, sagte er. ‚Wir haben doch hier kein Profi-Appartement‘, entgegnete ich. ‚Doch‘, so Nico weiter, ‚jeder der da darin gelebt hat, ist auch Profi geworden. Tony Jantschke und Patrick Herrmann zum Beispiel!‘ Das war mir bis dahin noch gar nicht aufgefallen, den Jungs aber schon. Und sie hatten recht. Tja, und dann ist Nico auch Profi geworden. Wir haben auch ein ‚heiliges Appartement‘. Darin hat zuerst Moses, dann Johannes und dann ein brasilianischer Gastspieler mit dem Vornamen Jesus gewohnt. Das war eigentlich gar nicht geplant und ist mir auch erst später aufgefallen, dass das alles biblische Namen sind. Aber es gibt auch ein Zimmer, bei dem ich keine Gemeinsamkeiten finden konnte. Weder die Position auf der die Jungs spielten, noch die Religionszugehörigkeit noch sonst irgendetwas. Als jedoch der darin wohnende Junge Geburtstag hatte, fiel mir auf, dass alle, die bislang darin gewohnt hatten, am gleichen Tag Geburtstag hatten.

Oben auf der zweiten Etage hängen Bilder von all den Jungs, denen der Sprung vom Fohlenstall zu den Profis gelungen ist. Immer wenn wir da oben waren, zeigte Patrick Herrmann auf eine bestimmte Stelle und sagte: ‚Mein Bild soll später genau hier hängen!‘ Schließlich fragte ich ihn, warum denn nun gerade dort. Er antwortete: ‚Immer wenn Julian Korb aus seinem Zimmer kommt, soll er mich sehen. Dreimal täglich – mindestens!‘ Natürlich war das nur ein Späßchen. In diesem Alter gehen die halt so miteinander um. Juli sagte dann immer: ‚Wenn ich Patrick immer sehen müsste, wenn ich zum Essen gehe, würde ich keinen Bissen mehr runterkriegen.‘ Die beiden haben sich wirklich öfters aus Spaß miteinander gekäbbelt. Aber in all den vielen Jahren hatten wir hier nie ernsthafte Probleme untereinander. Und deshalb hängt das Bild vom Patrick nun auch tatsächlich genau an dieser Stelle.

Es freut mich immer sehr, wenn die Älteren für die Jüngeren da sind. Eines Tages hatte sich ein Torhüter aus der B-Jugend beim Training schwer verletzt. Ich fuhr sofort mit ihm ins Krankenhaus. Als er in den OP geschoben wurde, habe ich Patrick Hermann angerufen. ‚Hermännchen, ich hab die Nummer vom Marc-Andre ter Stegen nicht mehr, und wenn du ihn beim Training siehst …‘ Patrick unterbrach mich und sagte: ‚Der sitzt gerade neben mir auf der Couch. Den kann ich dir jetzt direkt geben.‘ Ich habe mit Marc-Andre gesprochen, und sofort hat er ein paar Handschuhe mit einer Widmung versehen. Die habe ich dem verletzten Jungen ins Krankenhaus gebracht. Der hat sich so gefreut! Es ist schön zu sehen, dass viele aus dem Fohlenstall, die jetzt bekannte Profis sind, trotzdem noch so geerdet sind und bei all dem Rummel, der um sie gemacht wird, noch menschlich geblieben sind und auch die Jüngeren unterstützen."

„Was ein Mensch an Gutem in die Welt hinausgibt, geht nicht verloren."
(Albert Schweitzer)

Im April 2011 hatte Frau Lintjens eine Erkältung verschleppt. Sie konnte sich nicht die nötige Zeit nehmen, um sie auszukurieren. Plötzlich hat dann ihr Herz nicht mehr mitgemacht. Drei Wochen lag sie im Krankenhaus und anschließend musste sie in die Herz-Reha nach Bad Rothenfelde.

Trotzdem hat sie vom Krankenhausbett noch ihren Mann an die Termine der Jungs erinnert. Der hatte ihre Vertretung übernommen.

„Die Jungs waren sehr lieb zu mir. Sie haben mich in der Reha besucht und mir ein großes Schokoladenherz mitgebracht. Als Patrick Hermann und Erdem Bastürk kamen, lag ich noch mit der Sauerstoffmaske im Bett. Zuerst dachte ich, ich hätte Halluzinationen. Die Zimmertür stand einen kleinen Spalt weit offen und die beiden haben reingeschaut wie Max und Moritz. Patrick sagte: ‚Wir haben Sie ja doch gefunden. Ihr Mann sagte zwar, dass keiner von uns ins Krankenhaus fahren darf, aber als er mit Ihnen telefoniert hat, haben wir gehört, wo Sie liegen.' Und dann haben sie sich entgegen der Anweisungen auf den Weg gemacht. Es ist schön, wenn von den Jungs etwas zurückkommt.

Manchmal stehe ich an Spieltagen oben am Fenster vom Fohlenstall und schaue auf die Menschen, die da kommen, egal ob es regnet, ob es schneit oder ob die Sonne scheint. Von überall kommen sie. Es freut mich, dass unsere Borussia es immer wieder aufs Neue schafft, so viele Menschen zusammenzubringen. Vielleicht ist es das ja, was den Mythos Borussia ausmacht. Dann muss ich an meine Schwiegermutter denken. Ich kann mir vorstellen, wie sie oben im Himmel sitzt und grinst. ‚Na, wo bist du denn da gelandet? Du, die sich früher doch kaum für Fußball interessiert hat; mit einem Mann, der durch und durch Borusse ist; mit Söhnen, die bei der Borussia gespielt haben – und nun bist du sogar noch im Fohlenstall.' Und ich bin gerne hier. Das ist meine Berufung. Meine Verpflichtung. Die Kinder und Jugendlichen sind doch das höchste Gut, was wir haben. Ich hoffe, dass jedes Kind auf der Welt Menschen findet, die ihm weiterhelfen. Jedes Kind möchte doch einmal in den Arm genommen werden. Es kostet auch kein Geld, wenn man den Jungs einfach mal zuhört. Ach, auch wenn sie alle beim Fußball immer so große Helden sein wollen – wenn sie noch so jung sind, und wenn die Mutter hunderte Kilometer weit weg ist, fühlen sich manche dieser Jungs doch etwas einsam. Bei kleinen Kindern ist das so … und manchmal haben auch die großen Kinder etwas Zuspruch nötig."

„Wir verlangen, das Leben müsse einen Sinn haben – aber es hat nur ganz genau so viel Sinn, als wir selber ihm zu geben imstande sind."
(Hermann Hesse)

„Und wissen Sie", sagt Frau Lintjens, „es ist so schön, wenn ich Geburtstag habe. Dann kommen sie alle von den Vereinen, bei denen sie gerade spielen, und dann ist die Bude hier voll. Die Verbundenheit ist bei vielen immer noch da, und das freut mich von ganzem Herzen!

Wir sind ja schließlich nun auch nicht mehr die Jüngsten und irgendwann werden wir den Fohlenstall abgeben müssen. Dann kommt für uns die Zeit, Tschüs zu sagen."

Mit einem Schlag wird mir klar, dass es wohl nicht ganz so einfach sein wird, geeignete Nachfolger für den Fohlenstall zu finden. Es braucht ein hohes Maß an Gutherzigkeit, Einfühlungsvermögen, Verständnis und Opferbereitschaft, um rund um die Uhr für die Jungs da zu sein. Jeden Tag. Auch an Feiertagen. Bei dieser Arbeit muss man über das normale Maß hinaus für andere da sein. Auch nach 23.00 Uhr, wenn noch ein Junge zu Frau Lintjens kommt, weil er eine Blase am Fuß hat. Sie bemüht sich täglich liebevoll darum, den Jungs im Fohlenstall eine zweite Heimat zu geben. Dazu muss man geboren sein. Frau Lintjens und ihr Mann haben den Maßstab für ihre Nachfolger ganz schön hoch gehängt.

„Mit den Trainingsmethoden von heute und der Form wie bei unserem 5:1 gegen Madrid könnte uns kaum jemand schlagen.“

Einer, der seit 1975 bei unserer Borussia spielte, ist Wilfried Hannes. Elf Jahre lang trug er das Trikot mit der Raute. Dabei hatte er maßgeblichen Anteil an den Titeln, die die Borussia damals einfahren konnte. Unvergessen ist sein Kopfballtor gegen den FC Brügge 1977, welches den Weg ins Finale der Champions League ebnete (Europapokal-Finale 1977) Mit so einem verdienstvollen Spieler musste ich unbedingt einmal für dieses Buch sprechen. Es interessierte mich, wie er seine Zeit in Mönchengladbach aus heutiger Sicht betrachtet und vor allem, wie er heute zu unserer Borussia steht.

Es war ein wunderschöner Tag, als ich zu ihm fuhr, und ich freute mich wie blöde, dass er sich die Zeit nehmen wollte, um sich mit mir zu unterhalten. Da nahm ich gerne die 888 Kilometer in Kauf. 444 Kilometer hin und 444 Kilometer zurück, aber das war es mir wert. Bei so einer Fahrt hat man aber auch viel Zeit zum Nachdenken. Dabei fiel mir ein, dass Wilfried zum 100-jährigen Bestehen unserer Borussia in die Jahrhundert-Elf gewählt worden war. Danach hatte er in einem Interview gesagt, dass ihn dies sehr berührt habe. Es sei für ihn die schönste Anerkennung dafür, dass er immer alles für die Borussia gegeben habe. Seine Erfolge mit unserem Verein sprechen dabei für sich: zweimal wurde er Deutscher Meister (1976 und 1977), gewann 1979 mit der Mannschaft die Europa League und stand 1980 im Finale desselben Wettbewerbs. Er war beim Endspiel 1977 der Champions League dabei, wurde Deutscher Vize-Meister 1978 und war 1984 DFB-Pokal-Finalist. Mit der deutschen Nationalmannschaft wurde er 1982 Vize-Weltmeister … uff! … ein Held meiner Kindheit! Völlig zu Recht hängt ein riesiges Foto von ihm als Jahrhundert-Spieler im Borussiapark!

Die Sonne schien und es war ein guter Tag, um Fußballhelden zu treffen. Gemeinsam sitzen wir dann in einem netten Café und er erzählt mir seine Geschichte von Anfang an.

„Eigentlich ist das damals alles etwas chaotisch abgelaufen. Ich hatte das Glück, bei einem Jugendländerspiel mitspielen zu dürfen und habe da direkt zwei Tore gemacht. Abends habe ich dann mit meinem Vater telefoniert, und er sagte mir, dass bei uns das Telefon nicht mehr still stünde. Vereine wie Schalke, Köln und Mönchengladbach hätten bereits wegen mir angerufen. Das war für mich ein saugutes Gefühl! Als ich am nächsten Tag nach Hause kam, erfuhr ich, dass sich Schalke am meisten um mich bemüht hatte. Aber mein Herz schlug damals schon für Gladbach. Durch diesen offensiven, begeisternden Angriffsfußball, der dort gespielt wurde, war mir schon immer klar, dass ich nur dorthin wechseln würde, wenn ich von Bundesligavereinen einmal ein Angebot bekommen würde.

Angeleiert hatte das der damalige Konditionstrainer und spätere Präsident der Borussia, Karl-Heinz Drygalski. Mit ihm hatte ich das erste Gespräch. Dieses ist gut verlaufen und wir verabredeten uns für ein zweites. Als es dann ein paar Tage später pünktlich an unserer Tür klingelte, kam Drygalski nicht alleine, sondern brachte gleich Hennes Weisweiler mit. So, wie man Weisweiler kannte – immer ein klein bisschen knurrig – sagte er zu mir: ‚Du sagst uns doch heute schon zu, nicht wahr?!' Das war ein geiles Gefühl. Kurz vorher hatte die Borussia im Endspiel der Europa League gegen Twente Enschede gewonnen. Mann, haben die da einen geilen Fußball gespielt. Wenn man diese Sportart liebte, musste einem das einfach gefallen! Ob man nun Gladbachfan war oder nicht. Deshalb wollte ich es unbedingt bei Borussia probieren. Dazu kam, dass es damals fast eine Weltauswahl war, die da in Mönchengladbach auf dem Platz stand: Alan Simonsen, der danach zu Barcelona wechselte; Henning Jensen, der dann zu Real Madrid ging; Jupp Heynckes, Berti Vogts, Rainer Bonhof … ein unfassbar gutes Team."

Während ich verträumt in meinem Kaffee herumrühre, steigen in mir die Bilder der Idole aus meiner Kindheit auf. „Wie fühlt man sich eigentlich, wenn man als Jungspund zu solchen Weltstars kommt?" frage ich.

„Zuerst einmal war ich natürlich der Underdog", erzählt Wilfried. „Norbert Ringels, Gert Engels, Hans-Jürgen Offermanns und ich kamen da als Jugendspieler hin. Ich war 18. Anfangs durften wir uns noch nicht einmal mit den anderen zusammen umziehen. Für uns gab es eine separate Kabine. Das sind solche Schoten, über die man heute lacht. Wehe du lagst auf der Massagebank und ein ‚Alter‘ kam rein. Da musste man sofort runter! Summa summarum war es für uns junge Spieler am Anfang wirklich nicht einfach. Manchmal sogar etwas extrem. Aber der Erfolg hat diesem System Recht gegeben. Andererseits hat es auch Ordnung und Disziplin reingebracht. Das war prägend für das ganze Leben. Jupp Heynckes war mein Förderer. Ihm verdanke ich viel. Es hat mich immer beeindruckt, mit welchem Willen und welch professioneller Einstellung er Fußball gespielt und mit welcher Akribie er Fußball gelebt hat. Jupp ist mehrmals mit Verletzungen ins Spiel gegangen und hat trotzdem überragend gespielt. Das hat mir immer imponiert!“

Mit Erzählungen aus dieser Zeit verbinde ich natürlich immer auch unseren altehrwürdigen Bökelberg. Ich erinnere mich daran, wie ich Interviews von gegnerischen Spielern im TV sah und wie so mancher von einer beeindruckenden Kulisse in MG sprach. Einige redeten sogar von einer gehörigen Portion Respekt, die sie vor dieser Atmosphäre hatten. Deshalb frage ich Winni, wie es für ihn als Borussia-Spieler war.

„Im Prinzip war der Bökelberg für damalige Verhältnisse ein modernes Stadion. Keine Laufbahn um das Spielfeld, und die Zuschauer waren immer sehr nah dran. Das gab es damals nicht oft. Ich kann mich an Spiele in München, Berlin oder Leverkusen erinnern, wo nie solche Stimmung wie auf dem Bökelberg aufkam. Bei uns standen die Fans zwei Meter neben dem Platz, und durch dieses enge Stadion war immer eine Bombenstimmung. Das war jedes Mal ein geiles Gefühl, wenn wir da eingelaufen sind! Überhaupt war das bei unserer Borussia eine ganz tolle Zeit für mich. Wir hatten immer eine gute Mannschaft und ständig passierte etwas Aufregendes: Wir spielten im Weltpokal; wir gewannen die Europa League; wir waren im Endspiel in der Champions League; wir standen im Pokal-Finale und wurden Deutscher Meister. Von so etwas träumst du doch als Spieler! Hätte mir jemand 1975 erzählt, dass mir so etwas passieren würde, den hätte ich doch für wahnsinnig erklärt!“

„Durch dein erzieltes Tor in Brügge 1977 kam die Borussia ins Halbfinale und schließlich auch ins Endspiel der Champions League. Was bedeutet das für dich?“, möchte ich wissen.

„Ich habe das später einmal so formuliert, dass dieses Tor für mich der ‚Dosenöffner' war. Erst dadurch wurde ich eigentlich zum gestandenen Bundesligaspieler und es hat mir viele Türen geöffnet. Naja, und dann beim Endspiel in Rom hat Liverpool nicht unverdient gewonnen. Das war damals wirklich die beste Mannschaft Europas. Wir hatten an dem Tag auch ein großes Problem weil wir Kevin Keegan nicht ausschalten konnten. Derjenige, der für Keegan vorgesehen war, hatte nicht seinen besten Tag. Dazu kam, dass Keegan im Endspiel auch noch überragend gespielt hat. Wir haben den einfach nicht in den Griff gekriegt. Am Tag vor dem Spiel hatte sich Alan Simonsen beim Training verletzt und musste fitgespritzt werden. Der war also auch nicht in Top- Form. Zudem hatten wir uns nach dem Gewinn der Deutschen Meisterschaft ein paar Tage vorher in München nicht richtig auf das Spiel vorbereitet. Es wäre wahrscheinlich besser gewesen, wenn wir uns nach der Meisterschaftsfeier etwas intensiver mit dem FC Liverpool beschäftigt hätten. Schön war die Feier aber trotzdem. Die war eigentlich gar nicht so geplant. Als wir abends im Hotel ankamen, haben die ‚Macher' von damals spontan gesagt, los, jetzt lasst uns die Meisterschaft doch mal ein kleines bisschen feiern … und als junger Spund durfte ich doch nun wirklich nichts dagegen sagen. Trotzdem war das nicht ausschlaggebend dafür, dass wir das Endspiel verloren haben. Der Gegner war einfach besser."

„Ein anders Spiel, welches mir aus jener Zeit noch gut in Erinnerung geblieben ist, ist der 5:1-Sieg über Real Madrid im Achtelfinale der Europa League 1985. Was hast Du für Erinnerungen daran?", frage ich ihn.

„Die, die meine Karriere verfolgt haben, sagen, dies sei mein bestes Spiel überhaupt gewesen. Ich habe zwar viele gute Spiele gemacht, aber daran kann ich mich wirklich noch sehr gut erinnern. Bei Real spielte zu der Zeit Hugo Sánchez. Der war Weltklasse. Unser Trainer Jupp hat mich die ganze Woche vorher heiß gemacht: ‚Oh, du spielst gegen Sanches, owei, owei …!' Ich hatte zu Heynckes wirklich einen guten Draht, und wir konnten auch so miteinander reden. Tja, und im Nachhinein muss ich sagen, dass Sanches keinen Schnitt gemacht hat. Dazu habe ich selbst noch zwei Tore vorbereitetet. Deshalb war dieses Spiel ein wirklich tolles Erlebnis.

Gleichzeitig muss ich leider aber auch sagen, dass die Ernüchterung 14 Tage später folgte.

Vor dem Spiel in Madrid gingen wir am Nachmittag alle zusammen spazieren. Ich war zu der Zeit Kapitän und lief neben Trainer Heynckes, um mit ihm ein paar Dinge zu besprechen. Er fragte mich, welchen der beiden Stürmer bei Madrid ich für gefährlicher hielt. Santilliana oder Valdano? Mir war klar, dass Real zu Hause Druck machen würde und ich hielt dabei Santilliana für den gefährlicheren. Also sollte ich gegen ihn spielen.

Bei diesem Gespräch mit unserem Trainer bemerkte ich, dass einige Spieler, die hinter uns liefen, schon dabei waren, die Prämie, die es für das Weiterkommen gab, zu verteilen. Die waren total verträumt. Nach unserem 5:1-Sieg im Hinspiel nahmen die das Rückspiel gar nicht mehr richtig ernst. Aber ich wusste schon durch dieses ominöse Spiel ein paar Jahre vorher bei Real, was uns nun wieder erwartete. Damals hatte Schiedsrichter van der Kroft zwei von uns regulär erzielte Treffer nicht anerkannt. Der hat unsere Tore einfach nicht gegeben. Das habe ich Jupp auch gesagt, ihn darauf aufmerksam gemacht und ihm geraten, in der Mannschaftssitzung noch einmal richtig dazwischenzuhauen. Er hat dann wirklich in der gemeinsamen Besprechung vor dem Spiel noch einmal alle darauf hingewiesen. Aber manche vermittelten den Eindruck, als ob sie immer noch nicht kapiert hätten, was eigentlich los ist. Im Nachhinein denke ich, dass einige unserer Spieler die von den 95.000 Zuschauern erzeugte Atmosphäre und die Aggressivität, die gegen uns vorherrschte, unterschätzt haben. Damit meine ich auch die Aggressivität der Spieler von Real. Damals war es üblich, dass der Schiedsrichter vor der Umkleidekabine kurz gepfiffen hat. Das war das Zeichen, dass wir rauskommen und uns aufstellen sollen. Der Schiri pfiff – und wir kamen raus. Da standen wir dann. Und wir warteten. Nichts passierte. Vor uns ein langer Gang mit einer Treppe. Dieser Gang war durch einen Zaun in zwei Hälften geteilt. Wir standen nun auf unserer Seite und warteten. Die haben uns extra warten lassen. Plötzlich kamen die Madrilenen mit Gebrüll aus ihrer Kabine gerannt. Dabei sprangen sie gegen den Zaun, haben dagegengetreten, gerüttelt und geschrien. Die haben sich dabei ganz bewusst die jüngeren Spieler ausgesucht, die sowieso schon angespannte Nerven hatten. Einige ließen sich tatsächlich von diesem unfairen Benehmen einschüchtern, und so manch einer in unserer Mannschaft hatte sich dann leider nicht mehr im Griff. Damit sind die jungen Spieler einfach nicht fertig geworden. Wie gesagt, spielte ich zunächst gegen Santilliana. Valdano machte zwei Tore. In der Pause wechselten wir und ich war dann für Valdano zuständig. Prompt machte Santilliana die nächsten zwei Tore! Tja, und all das führte schließlich dazu, dass wir 4:0 verloren haben."

Etwas, was mich schon seit Jahrzehnten beschäftigt, ist das auf tragische Weise verlorene Pokalendspiel 1984. In diesem Spiel trug Lothar Matthäus zum letzten Mal das Trikot unserer Borussia. Danach wechselte er zu jener Mannschaft, gegen die unser Verein in besagtem Endspiel antreten musste. Während dieses Fußball- Krimis kam es zur Verlängerung und dann zum Elfmeterschießen. Auch Matthäus trat vom Elfmeterpunkt an – verschoss – und machte dadurch seinen neuen Arbeitgeber zum Pokalsieger.

„Winni, du standst bei jenem denkwürdigen Spiel auch mit auf dem Platz. Wie waren deine persönlichen Eindrücke?"

„Das läuft bei mir ab, als wäre es gestern gewesen. Das Spiel hing ja am seidenen Faden, und dass der Lothar den Elfer verknallt, war bestimmt sein Schicksal. Viele sagten danach, dass es doch völlig klar gewesen wäre, dass Lothar verschießt, wenn es gegen seinen neuen Arbeitgeber geht. Aber ich kenne den Lothar wirklich gut – das hätte er nie absichtlich gemacht. Dem hättest du Millionen hinlegen können und trotzdem hätte er nie absichtlich vorbei geschossen. Dafür war er viel zu ehrgeizig und viel zu sehr vom Fußball besessen. Aber es liegt tatsächlich eine gewisse Tragik darin, wenn man im letzten Spiel das Ding versemmelt und damit seinen neuen Arbeitgeber zum Pokalsieger macht. Ich habe zum Glück meinen Elfer reingemacht, denn ich war immer ein sicherer Elfmeterschütze.

Bereits in der Anfangsphase dieses Spieles bin ich mit Dieter Hoeneß mit voller Wucht zusammengeknallt und habe mir dabei Speiche und Elle gebrochen. Mein Arm fühlte sich an wie der von Popeye. In der Halbzeitpause stellte sich mir die Frage, ob ich weiter spielen kann oder nicht. Ich hatte es vereist, Schmerztabletten genommen und Charly Stock hat mir ein Stöckchen darüber gelegt und verbunden. Erst zwei Tage später habe ich mich operieren lassen."

Während Winni Hannes erzählt, bemerke ich, dass auch er dieses Leuchten in den Augen hat. Dann kommt er ohne Umschweife auf den Gewinn der Europa League 1979 zu sprechen:

„Das war das Höchste, was wir erreichen konnten. Beim Hinspiel in Belgrad erzeugten die 95.000 Zuschauer eine tolle Atmosphäre. Aber wir waren jederzeit und bei jedem Gegner in der Lage, auswärts ein Tor zu machen. Das gelang auch diesmal, und durch das 1:1 hatten wir nun gute Karten für das Rückspiel. Vor diesem Spiel war ich verletzt und habe mich fitspritzen lassen – das einzige Mal in meiner gesamten Karriere, aber bei so einem Endspiel musste ich einfach dabei sein.

Das war auch die Zeit, in der Berti nach seiner schweren Verletzung wieder zurück in die Mannschaft gekommen ist. So mancher hatte ihm das gar nicht zugetraut, doch er war sehr ehrgeizig und sein Comeback hat enorm dazu beigetragen, dass wir den Europapokal gewonnen haben. Berti war ein Führungsspieler und hat die anderen heiß gemacht. Er ist eben ein Ur-Gladbacher. Für dieses Endspiel mussten wir wieder einmal nach Düsseldorf ins größere Rheinstadion umziehen. Ich fand die Atmosphäre dort immer geil. Schon allein die Fahrt dorthin war ein Erlebnis für sich. Wir standen im Stau und vor uns, hinter uns und neben uns nur Gladbacher, die uns mit ihren Fahnen und Schals aus den Autos zujubelten. Das war für mich ein extremer Ansporn … und dann haben wir das Ding gewonnen. Einfach nur geil!

Ich denke gern an all die Spieler zurück, die im Laufe der Zeit bei unserer Borussia waren. Berti, Jupp Heynckes oder Rainer Bonhof – das wären auch in der heutigen Zeit richtige Raketen. Stell dir mal den Netzer heute vor. Mit seinem Können und dem Training von heute wäre der doch auch wieder Weltklasse! Jede europäische Spitzenmannschaft hätte es doch sehr schwer gegen uns. Mit den Trainingsmethoden von heute und der Form wie bei unserem 5:1 gegen Madrid könnte uns kaum jemand schlagen. Das würden nur ganz wenige schaffen. Nur das Spielergehalt wäre wohl etwas anders als damals. Ich habe überhaupt kein Problem damit, dass solche Superstars wie Messi ihre Millionen verdienen. Was mir aber Kopfschmerzen bereitet ist, dass heutzutage auch mittelmäßige Spieler Wahnsinnsgehälter bekommen. Vielleicht ist dadurch auch das Vereinsblut auf der Strecke geblieben. Es identifiziert sich doch heute kaum noch jemand so mit dem Verein, bei dem er gerade spielt, wie wir damals mit unserer Borussia! Deshalb finde ich es ja so gut, dass Mönchengladbach eben nicht mit den Millionen um sich wirft. Max Eberl holt junge Leute, und zusammen mit Rainer Bonhof macht er das überragend! Die haben unsere Borussia wieder gut ans Laufen gekriegt. Anfangs hatte Max mit vielen Vorurteilen zu kämpfen, aber er hat sich richtig gut eingearbeitet. Und jetzt gilt es den nächsten Schritt zu machen. Wir waren in den letzten Jahren in der Euro League, wir waren in der Champions League, und da wieder hinzukommen ist nicht einfach. Aber wir haben immer wieder die Chance, an den internationalen Plätzen zu schnuppern. Es wird die große Kunst sein, jetzt den nächsten Schritt zu machen. Das wird spannend und ich bin auch oft im Borussiapark, um mir alles live anzusehen. Ich fahre sehr gerne dahin. Für uns Ex- Spieler ist Elmar unser Ansprechpartner, und durch seine herzliche Art fühlen wir Ehemaligen uns immer willkommen. Bei ihm spürt man, dass er ein Borusse mit der Raute im Herzen ist. Im Stadion treffe ich jedes Mal Spieler aus allen Borussia-Generationen und wir alle fühlen uns da wie zu Hause. Das ist wirklich so!“

Während Wilfried Hannes so über unsere Borussia spricht, wird mir klar, dass auch er mit Stolz das B vom Niederrhein getragen hat. Nicht nur auf dem Trikot – auch im Herzen. Ich höre ihn sagen, dass es „… total geil ist, dass so viele Gladbachfans trotz des Abstieges damals dem Verein die Treue gehalten haben. Das ist der Wahnsinn!“

Jetzt ist mir endgültig klar, warum er für mich in meiner Jugend immer einer der Besten war. Vielleicht konnte ich damals schon spüren, dass er durch und durch Gladbacher ist, und ich fühle mich geehrt, dass er sich so viel Zeit für mich genommen hat. Natürlich möchte ich die Rechnung übernehmen. „Nee, nee, das mach ich schon“, murmelt er. Doch ich will mich nicht damit zufrieden geben. Schließlich ist er ja ein Held meiner Jugend. „Zahlen“, rufe ich der Bedienung zu. Winni lehnt sich weit über den Tisch zu mir herüber: „Hörrens, ming leev Jong, das mach’ ich – du bist hier schließlich in MEINER Stadt!“

„Gerade das ist es ja, das Leben, wenn es schön und glücklich ist: ein Spiel! Natürlich kann man auch alles Mögliche andere aus ihm machen: eine Pflicht oder einen Krieg oder ein Gefängnis. Aber es wird dadurch nicht hübscher. “
(Hermann Hesse)

Als ich mich wieder auf den Heimweg mache und in meinen geliebten Cruiser einsteige, bin ich stolz und froh zugleich. Es war mir eine Ehre, Wilfried Hannes persönlich kennenlernen zu dürfen.

Michael

„Freiheit statt Kontrolle.“

Michael Plum arbeitet ebenfalls für unsere Borussia und ist dabei auch ein richtiger Fan. Gemeinsam mit seiner Frau Dani und Sohn Ole sieht er sich nicht nur die Heimspiele im Borussiapark an, sondern die ganze Familie begleitet unsere Borussia auch oft zu Auswärtsspielen.

„Seit ich als kleiner Junge das erste Mal mit meinem Vater zum Bökelberg gegangen bin, drücke ich unserer Borussia die Daumen. Mein erstes Trikot war das 1973er Pokalsieger-Trikot. Da musste man die Raute noch separat als Aufnäher kaufen und selber drauf nähen.

Als beim Pokalendspiel 1984 Lothar Matthäus beim Elfmeterschießen verschossen hat, habe ich sogar vor dem Fernseher geheult. Borussia ging mir schon immer sehr nah. Später absolvierte ich eine Ausbildung zum Bilanzbuchhalter. Eines Tages las ich in der Zeitung, dass Borussia genau eine solche Fachkraft suchte. Zwar hatte ich schon einen gut bezahlten Job als Abteilungsleiter in einer anderen Firma, aber ich habe mich trotzdem beworben. Und ich wurde angenommen. Nachdem ich dort ein halbes Jahr gearbeitet hatte, verließ uns der Leiter der Verwaltung und ich bin sein Nachfolger geworden. Nun arbeite ich schon über 17 Jahre für die Borussia.

Eine der schwersten Prüfungen in dieser Zeit für unseren Verein war die *Initiative Borussia*. Dieser Zusammenschluss aus verschiedensten Kräften der lokalen Wirtschaft warf der Vereinsführung von Borussia Missmanagement vor. Sie behaupteten, dass die damaligen schlechten sportlichen Leistungen der Beweis für alte und verkrustete Strukturen innerhalb des Vereins wären. Deshalb wollten sie eine Satzungsänderung herbeiführen. Die Folge wäre gewesen, dass die Mitglieder von Borussia bei den Profi-Fußballern keinerlei Mitbestimmung mehr gehabt hätten. Alle, denen unsere Borussia wirklich am Herzen liegt, hatten damals das Gefühl, dass der Verein akut in Gefahr war. Die Borussia, so wie wir sie kennen, hätte aufgehört zu existieren.

Um ihre Ziele in der Öffentlichkeit populär zu machen, hatten die Initiatoren Leute wie Stefan Effenberg und Horst Köppel rekrutiert. Die sollten den Mitgliedern und Fans eine Umstrukturierung schmackhaft machen. Das war ein harter Prüfstein, denn alle wussten, dass man damit die Seele des Vereins verloren hätte. Dann hätten Menschen aus der Wirtschaft den Verein unter ganz anderen Voraussetzungen geführt, und das Herzblut und all das, was unseren Verein ausmacht, hätte dann der Gewinnmaximierung und kalten Berechnungen weichen müssen. Doch diese Bedrohung von außen hat die Mitglieder und Fans zusammengeschweißt und es wurde eine Demonstration gegen die Initiative organisiert. Tausende trafen sich im Mai 2011 auf dem Eickener Markt und zogen friedlich durch die Straßen zum Stadion. Ich hatte mich als Sensenmann und Dani als unser altes Maskottchen Bumsi verkleidet. Andere Fans trugen einen Sarg, der symbolisierte, dass mit einer Satzungsänderung unser Verein zu Grabe getragen würde. Diese Demonstration wurde von einem Radiosender live übertragen und der Reporter sagte, dass die Stadt und der Verein Borussia mit Recht stolz auf solche Fans sein könnten. Das war für den Zusammenhalt enorm wichtig, und auf der Jahreshauptversammlung im Jahr 2011 stimmten schließlich nur 335 der 4769 anwesenden Mitglieder für die Ziele der Initiative. Im Nachhinein hat sich ja auch ganz deutlich gezeigt, dass wir, dass unsere Mitglieder und unsere Fans völlig richtig gelegen haben, denn in den darauffolgenden Jahren hatten wir wieder sportlichen Erfolg und konnten auch wieder an den europäischen Wettbewerben teilnehmen.“

Befragt, was für ihn den Mythos Borussia ausmache, antwortet Michael:

„Für mich steht das unter der Überschrift: Ein Dorfverein mischt die große Fußballbühne auf. Mit Talenten wie Netzer, Vogts und Heynckes, die überwiegend hier aus unserer Region kamen, haben wir auf internationaler Ebene eine Zeitlang bei den ganz Großen mitspielen können. Wir haben hier am Niederrhein mit wenigen Mitteln Großes erreicht. Der Grundstein wurde Ende der 1960er Jahre durch den erfolgreichen Konterfußball und Günter Netzer gelegt. Daher bedeutet es für mich Freiheit statt Kontrolle.“

Da Michael auch ein wirklicher Kenner der Historie von Borussia ist, wollte ich mir von ihm persönlich noch eine tolle Anekdote aus den 1920er Jahren erzählen lassen, von der ich mal gehört hatte. Auch solche weit zurückliegenden Ereignisse begründen natürlich den Mythos Borussia und tragen zur Legendenbildung bei.

„Die schwierigste Aufgabe, die jeder Mensch zu bewältigen hat, ist die, nie aufzugeben."
(Ernst Ferstl)

„Paul Pohl spielte 1920 für unsere Borussia. Er war Mittelläufer und der Star der Mannschaft. In jenem Jahr spielte die Borussia – damals ‚Verein für Turn- und Rasensport 1889 Mönchengladbach' genannt – im Endspiel der westdeutschen Meisterschaft gegen Köln. Bis zur 82. Minute führte Köln mit 1:0. Dann bekam die Borussia einen Elfmeter zugesprochen. Paul Pohl läuft an und trifft unhaltbar. Doch das Tor wurde nicht gegeben, weil der Kölner Torwart nicht regelgerecht auf der Linie stand. Der Strafstoß musste wiederholt werden. Paul Pohl läuft wieder an – und versenkt erneut unhaltbar. Doch auch dieses Tor wird nicht gezählt, weil sich der Torwart zu früh bewegt hatte. Wiederholung. Paul Pohl läuft an – Treffer. Auch dieses Tor findet keine Anerkennung und der Elfmeter muss erneut ausgeführt werden. Ein viertes Mal schießt Paul Pohl – wieder unhaltbar, und diesmal zählt der Treffer. 1:1. Nun gab es Verlängerung und unsere Borussia gewann schließlich mit 3:1 gegen Köln. Und wie mir diese Geschichte überliefert wurde, hat Paul Pohl angeblich vor jedem Elfer genau in die Ecke gezeigt, in die er auch geschossen hat. Und jedes Mal war der Kölner Torwart machtlos."

Michael

FP MG

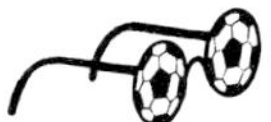

Eigentlich wäre heute ein guter Tag, um mal ganz gechillt in die Küche zu gehen, sich eine Bratpfanne aus dem Schrank zu nehmen und sich damit genüsslich auf den Schädel zu hauen. Man könnte aber auch nützlichere Dinge machen, die zur Verbesserung des Allgemeinwissens rund um unsere Borussia beitragen. Zum Beispiel sich mal mit der Geschichte des hiesigen Fanprojektes zu beschäftigen. Deshalb traf ich mich mit den Vorstandsmitgliedern Tower, Thomas Ludwig und Ruud, um mir die Geschichte des FP aus erster Hand erzählen zu lassen.

„Die Geschichte des Fanprojekts begann schon Mitte der 1980er Jahre. Damals gab es Fußball nicht in der Form, wie wir das heute kennen. Die Spiele in der Bundesliga waren noch kein gesellschaftliches Großereignis. Im Jahre 1985 hatte die Borussia gerade mal einen Zuschauerschnitt von 17.000, was ungefähr dem Schnitt der gesamten Bundesliga entsprach. In jenen Tagen konnte man am Spieltag einfach so an die Stadionkasse gehen und Eintrittskarten kaufen. Das war überall so. Der harte Kern in der Nordkurve bestand in den Achtzigerjahren aus 400 bis 500 Fans, die modisch von der Rockerszene beeinflusst waren und gern mit Kutte ins Stadion gingen. Der Alkoholkonsum war groß, und das Stadion wurde nicht selten zur Bühne gewalttätiger Hooligans. Kurz: Fußball war in der Gesellschaft allgemein als prollig verschrien.

1982 gab es beim Spiel HSV gegen Werder Bremen den ersten toten Fan bei Krawallen zu beklagen – jedenfalls den ersten, der öffentlich bekannt wurde. Der gewaltsame Tod von Adrian Maleika fand ein großes Medienecho und verstärkte das negative Image des Fußballfans in der Gesellschaft noch. Bei den niedrigeren Zuschauerzahlen war der Anteil derer, die nur zum Fußball gingen, um Schlägereien anzuzetteln, damals auch tatsächlich viel höher. Das Ganze war aber kein rein deutsches Problem. 1985 kamen bei Krawallen während des Europapokal-Endspiels zwischen dem FC Liverpool und Juventus Turin 39 Fans zu Tode. Heute weiß man allerdings, dass die englischen Hooligans an der Katastrophe von Heysel nicht die alleinige Schuld tragen, möglich wurde diese erst durch korrupte Funktionäre und Schlamperei der Polizei. 1989 ereignete sich die Katastrophe von Hillsborough mit 96 Toten und 766 Verletzten. Auch bei diesem furchtbaren Ereignis hat sich im Nachhinein herausgestellt, dass der Auslöser ein Fehler der Polizei war und nicht, wie von Zeitungen behauptet, das Fehlverhalten von Zuschauern. All diese schrecklichen Vorfälle und die vielen kleineren Schlägereien, die sich an jedem Spieltag in den Stadien ereigneten, trugen maßgeblich zum schlechten Ruf von Fußballfans bei. In Mönchengladbach gab es damals die Hooligan-Gruppierung Sturmtruppen. Ein anderer berühmt-berüchtigter Fanclub waren die Sharks, die ebenfalls gerne Leute vermöbelten. Auch mit dem Borussenfanclub Celtic war seinerzeit nicht gut Kirschen essen. Dazu kamen Fangruppen, die sich politisch orientiert hatten. Rechte sowie linke. Und inzwischen fand auch die breite Fanszene selbst, dass sie ein Problem hatte. Somit entsprach das Empfinden innerhalb der Fanszenen mittlerweile weitgehend der Außenwahrnehmung.

Deshalb wurde in Mönchengladbach bereits Anfang der 1980er Jahre innerhalb der aktiven Fanszene die Interessengemeinschaft der Borussiafans ins Leben gerufen, um gemeinsam Ideen zu entwickeln, wie man dieser vorherrschenden Gewalt entgegenwirken könnte. Diese IG verfolgte den Ansatz, aus der Fanszene heraus eine Gegenposition zu den gewalttätigen Fans aufzubauen, unter dem Motto ‚Gemeinsam sind wir stark!'

Die IG wurde sehr engagiert von Holger Spiecker und Theo Weiß geführt. Die beiden nahmen Kontakt zum Manager der Borussia, Helmut Grashoff, auf. Auch ihm war sehr daran gelegen, die Interessen friedlicher Fans zu bündeln, um so besser gegen die Gewalttätigen vorgehen zu können.

Innerhalb der IG waren viele der aktiven Fanclubs von Borussia vertreten, und man hatte tatsächlich auch den Anspruch, so viele wie möglich zu vereinigen. Doch leider war es wie so oft: zuerst hat man eine gute Idee, aber je mehr Leute mitmachen, umso schlechter wird die Sache. Meistens liegt es daran, dass die später Hinzukommenden die Grundidee des Zusammenschlusses nicht mehr richtig adaptieren und dann gar nicht genau wissen, warum der eigentlich erfolgte. Nun wollten sich auch hier die ‚Neuen' mit noch besseren Ideen einbringen, so dass der Grundgedanke immer mehr verwässerte. Es stellte sich heraus, dass zu viele Köche den Brei wirklich verderben. Keiner konnte und wollte mehr die Verantwortung für all die Fanclubs übernehmen, die sich mittlerweile der IG angeschlossen hatten.“

„Gladbacher wissen selbst am besten, was Gladbacher brauchen."

„Somit befand sich die IG 1987 in einer ernsthaften Sinnkrise. In der Zeitschrift Nordkurve, die damals aus der aktiven Fanszene hervorging und mittlerweile die offizielle Vereinszeitschrift des FP MG ist, wurde deshalb in der Ausgabe vom April 1987 zur Neuformierung der IG aufgerufen. Aber die Neugestaltung der Interessengemeinschaft war nicht das einzige Thema, das die Borussen damals beschäftigte. Neben dem Thema Gewaltabbau innerhalb der Szene stand zum Beispiel das Verhältnis zur Polizei auf der Tagesordnung, mit der es in jenen Tagen diverse Auseinandersetzung gab. Dabei war auffällig, dass die Beamten jede Fangruppe pauschal als Gewalttäter einstuften und nicht differenzieren konnten (oder wollten), welche Fans friedliche sind und welche nur Unsinn im Kopf haben. Mehrfach wurde beobachtet, wie Einsatzkräfte ohne Grund mit Gummiknüppeln auf die Fanmassen eindroschen. Diese Vorfälle mussten aufgearbeitet werden, und man wollte Kontakt zur Polizei aufnehmen, um existierende Feindbilder abzubauen. In beide Richtungen – versteht sich.

Auch wurde in jenem Artikel mitgeteilt, dass man es bisher nicht geschafft habe, alle Fanclubs unter einen Hut zu kriegen. Daher bräuchte man dringend Ideen für eine Neuorganisation. Immer lauter wurden die Stimmen, die die Gründung eines Fanprojekts forderten. Dabei waren sich alle einig, dass dieses wirklich dem Anspruch gerecht werden müsste, Fanvertreter ‚von Fans – für Fans' zu sein. Außerdem wollte man auf jeden Fall unabhängig bleiben und keine Unterabteilung des Vereins Borussia werden. Schon gar nicht wollte man sich von Fördergeldern oder Sozialfonds abhängig machen.

Zusätzlich wollte man den Zusammenhalt in der Kurve stärken, um sich gegen politische Strömungen jeglicher Art schützen zu können. Borussia war der Grund, warum alle ins Stadion gingen, und Borussia sollte daher auch im Mittelpunkt stehen. Es war auf keinen Fall erwünscht, die Nordkurve zu einer Bühne für politische Propaganda verkommen zu lassen. Noch weniger wollte man jugendliche Gladbachfans von politischen Extremisten für irgendwelchen Humbug anwerben lassen. Natürlich wurde das sehr hart diskutiert. Es gab auch ganz deutliche Versuche aus St. Pauli oder Düsseldorf, politische Aussagen in unsere Szene hineinzutragen. Mit politischen Aussagen polarisiert man aber immer. Damit drängt man den jeweils anderen Teil in die Opposition und macht es fast unmöglich, gemeinsame Gespräche zur Lösung von Problemen zu führen. Dies wiederum löst neuen Unfrieden aus.

Der Kontakt zur Borussia sollte ausgebaut werden, um sich als Bindeglied und als Sprachrohr der vielen Fans zu etablieren. Keinesfalls sollte es jedoch ein ‚Sozialarbeiterfanprojekt' werden, bei dem Leute von außen kommen, um unsere Fans zu ‚therapieren'. Alle waren sich einig, dass Gladbacher selbst am besten wissen, was Gladbacher brauchen.

Im Gegensatz zur früheren IG sollte das neue Fanprojekt ein Verein werden, in dem man auch als Einzelperson Mitglied werden konnte. Bei der IG waren bisher die Fanclubs Mitglied – aber natürlich hatte sich nicht jeder einzelne Fan innerhalb des jeweiligen Fanclubs zur IG bekannt. So war es vorgekommen, dass sich zwar ein Fanclub mit dem größten Teil seiner Mitglieder zu den Idealen der IG bekannte, aber fünf Vollchaoten innerhalb jenes Fanclubs schon ausreichten, um mit ihrem verzapften Unfug die IG in ein total schiefes Licht zu rücken. Im neu gegründeten Fanprojekt sollte dies anders werden, denn durch eine Einzelmitgliedschaft musste jeder für den Verzicht auf Gewalt selbst unterschrieben."

„Der Rahmen war also abgesteckt, als es 1988 in Berlin zum offiziellen Gründungstreffen kam. Fast 50 Leute waren gekommen, und noch heute hängt ein Foto im Fanhaus, das zeigt, wie auf der Berliner Mauer die Namen jener Fanclubs verewigt sind, die zu den Gründungsmitglieder gehörten. Am 20. August 1988 wurde das Fanprojekt ins Vereinsregister in Mönchengladbach eingetragen.

Von nun an traf sich bei jedem Heimspiel der Vorstand des FP MG e.V. im Presseraum von Borussia. Auch Helmut Grashoff ließ sich gelegentlich bei diesen Treffen blicken. Der hatte sowieso ein Herz für uns Fans. Sein Spruch damals: ‚Ein guter Kontakt zwischen Fans und Verein zahlt sich immer aus!' Und in Bezug auf das neu gegründete FP: ‚Wir verzichten bewusst auf die Arbeit eines Sozialpädagogen, weil Bevormundung falsch ist.' Aus heutiger Sicht muss man wirklich sagen, dass er sehr weitsichtig und innovativ war. Grashoff sagte auch: ‚Stärke die Gruppe durch die Protagonisten', oder: ‚Die Gruppe muss sich selbst disziplinieren.' Dieser Ansatz war völlig richtig! Das hat natürlich unser FP nachhaltig geprägt und deshalb heißen wir heute noch zu Recht ‚von Fans – für Fans'.

Zu dieser Zeit begann das Fanprojekt auch damit, Fanreisen zu Spielen unserer Borussia zu organisieren. Dabei kam es gelegentlich vor, dass der ein oder andere Bus Verluste eingefahren hat, welche dann von Borussia großzügigerweise ausgeglichen wurden. Vielleicht war das dem Umstand geschuldet, dass bis dahin alles auf ehrenamtlicher Basis – ‚so mal nebenher' – gemacht wurde. Doch Herr Grashoff hatte irgendwann die Faxen dicke und sagte: ‚Bevor ich euch immer Geld gebe, um die Verluste auszugleichen, kann ich auch gleich einen einstellen, der das hauptamtlich und etwas professioneller macht.' Somit wurde Theo Weiß 1989 als erster Fanbeauftragter eingestellt. Das war ein großer Durchbruch, denn eine derartige Organisationsform stößt natürlich schnell an ihre Grenzen, wenn sie nur ehrenamtlich geführt wird."

Thomas Ludwig erzählt weiter:

„Ein anderer wichtiger Mann für das Fanprojekt war damals Jürgen Nickel. Er war Schriftführer und ‚Regionalbeauftragter Südwest'. Dabei hat er unglaublich viel an Organisatorischem geleistet und hatte einen erheblichen Anteil daran, dass die vielen Ideen auch umgesetzt wurden.

1989 trafen sich Jürgen Nickel und Holger Spiecker, der weiterhin sehr engagiert im Fanprojekt tätig war. Beide wollten neue Ziele entwickeln und die Kernfrage erörtern: Was brauchen die Fans eigentlich? Unter dem Motto ‚Fragen wir doch einfach mal einen, der auch immer ins Stadion geht', holten sie mich dazu. Es stellte sich relativ schnell heraus, dass die Frage der Eintrittskarten für alle wichtig war. Daneben wünschte man sich Informationen über Borussia im Fohlenecho. Außerdem kam in dieser Runde zur Sprache, dass es eine gute Sache wäre, Borussia-Fanartikel für FP-Mitglieder zu rabattieren. Schließlich sind wir die Fans, die Borussia überallhin begleiten, da könnten sie uns auch mal etwas zurückgeben – war die einhellige Meinung.

Mit diesen entwickelten Vorschlägen trafen wir uns mit den Verantwortlichen von Borussia und fanden ziemlich schnell einen gemeinsamen Nenner. Was die Eintrittskarten betraf, konnten wir uns ein Vorkaufsrecht für 100 Tickets im Block 16 sichern. Damit wurde gleichzeitig gewährleistet, dass all unsere Jungs nun mit gebündelten Kräften unser Team unterstützten. Auch konnten wir einen Rabatt von fünf Prozent auf Fanartikel für alle FP-Mitglieder festschreiben lassen und bekamen das Fohlenecho zugeschickt. Dies wurde in einem Kooperationsvertrag zusammengefasst, in dem ebenfalls stand, dass das Fanprojekt als einzige Interessenvertretung aller Fans von Borussia anerkannt ist."

„Der Schlüssel zum Glück ist, Träume zu haben, der Schlüssel zum Erfolg ist, sie wahr zu machen!"
(James Allen)

1989 war auch das Jahr, in welchem Ruud zum FP kam:

„Auf dem Weg zu einem Auswärtsspiel traf ich Holger Spiecker, der mich für das FP begeisterte. Ich bekam die Aufgabe zugeteilt, die Eintrittskarten zu verkaufen. Für jedes Ticket wurde eine Mark zusätzlich verlangt, welche dann in die Kasse des Fanprojekts floss. Nach und nach wurden meine Aufgaben vielfältiger und ich übernahm hinter der Nordkurve einen alten Bierwagen, der zu einem kleinen FP-Infostand umfunktioniert wurde. Dort konnte man die ersten Aufnäher und andere Souvenirs vom Fanprojekt kaufen.

Einen großen Mitglieder-Schub bekamen wir 1992. In diesem Jahr gelang es unserer Mannschaft, ins Pokalendspiel einzuziehen, und die Fans wussten mittlerweile, dass sie als FP-Mitglied ganz sicher eine Eintrittskarte bekämen. Mit einem Schlag hatten wir plötzlich um die 500 Leute. Nun waren wir schon eine richtig große Gemeinschaft, was natürlich auch eine neue Herausforderung bedeutete. Da unser Fanbeauftragter Theo in Berlin wohnte, und es für ihn immer schwerer wurde, von dort aus Dinge in Mönchengladbach zu regeln, wurde Holger Spiecker der neue Fanbeauftragte.

Bekanntlich verlor unsere Borussia in jenem Jahr das Pokalendspiel gegen den Zweitligisten Hannover 96. Frust machte sich breit, und viele hatten einige Fragen an den damaligen Trainer Jürgen Gelsdorf. Daher wollten nicht wenige Fans ins Trainingslager der Borussia nach Usingen fahren, um dort gemeinsam das verlorene Pokalfinale aufzuarbeiten. In seiner Eigenschaft als Regionalbetreuer Südwest rief Jürgen Nickel bei mehreren Fanclubs aus dieser Region an, um sie zu bitten, ebenfalls an dieser Aussprache teilzunehmen.

Auch beim Fanclub Mad Craziness Andernach meldete er sich. Tower gehört zu diesem Fanclub und bis heute erzählt er, dass dieser Anruf sein Leben verändert hat. Jürgen Nickel sagte: ‚Wir wollen uns im Trainingslager treffen, um Gelsdorf mal ordentlich die Meinung zu sagen. Wegen seiner doofen Aufstellung haben wir das Finale verloren!' ‚Gerne', antwortete Tower, und fuhr dann mit weiteren Vertretern von Mad Craziness nach Usingen. Dort lernte er alle wichtigen Leute kennen, die bereits für das Fanprojekt arbeiteten und fand so seinen Einstieg."

„Anfang der Neunzigerjahre fanden die Ausschreitungen durch Hooligans ihren Höhepunkt. Deshalb wurde 1993 in Deutschland das ‚Nationale Konzept für Sport und Sicherheit‘ verabschiedet. Es beinhaltete unter anderem die Förderung von Fanprojekten – auch mit Geld. Der Haken bei der Sache war jedoch, dass damit Einfluss von außen auf die Fanprojekte ausgeübt werden konnte. Aus diesem Grund kam ein Herr von der Koordinationsstelle für Fanprojekte wie ein Staubsaugervertreter mit seinem Köfferchen nach Mönchengladbach und erklärte uns, was mit diesem Geld alles möglich sei. Zwei Leute im damaligen Vorstand – nennen wir sie Q und Ü – sprachen sich dafür aus, dieses Geld anzunehmen. Sie verbanden damit die Hoffnung, viel Kohle für ihre Arbeit im Fanprojekt zu bekommen und wollten es entsprechend umstrukturieren. Daher riefen sie bereits im Vorfeld der anstehenden Jahreshauptversammlung heimlich bei vielen Leuten an, um sie auf ihre Seite zu ziehen. Das war ziemlich link, denn die meisten wollten keine Umstrukturierung, nur damit die beiden mehr Geld bekämen. Allen war klar, dass Geldgeber mitquatschen wollen. Die, die sich durch das von außen kommende Geld nicht verblenden ließen, waren deshalb strikt dagegen, die bestehende Unabhängigkeit und damit die Seele und den Grundgedanken des Fanprojekts zu verhökern. Vielmehr sollte das Fanprojekt unbedingt eine unabhängige Fanvertretung bleiben.

Auf der Jahreshauptversammlung 1994 in der Eickener Mehrzweckhalle kam es folglich zu einem heftigen Richtungsstreit. Es war eine riesige Schlammschlacht, Schalker Verhältnisse! Sogar der Austausch von Backpfeifen stand unausgesprochen im Raum. Da sich aber eine große Mehrheit der Anwesenden gegen den Ausverkauf unserer Ideale aussprach, verließen Q und Ü nebst ihrer kleinen Gefolgschaft die Halle. Q, der bis zu diesem Tag Kassenwart gewesen war, stellte wortlos eine Kiste mit Quittungen und Abrechnungen auf den Tisch und verschwand ohne jegliche Erklärung. Also brauchte das Fanprojekt einen neuen Kassenwart. Da Tower Betriebswirtschaft studiert hatte und gut mit Zahlen umgehen konnte, wurde er in dieser Funktion in den neuen Vorstand gewählt. Thomas Ludwig wurde an jenem Abend zum Vorsitzenden bestimmt. Natürlich war das kein Ruhmesblatt, unter welchen

Umständen diese Veranstaltung und die Neuwahl des Vorstands damals abgelaufen ist", sagt Tower heute, „aber für die Unabhängigkeit des Fanprojekts war das nötig! Schön, dass seinerzeit unsere Ideale und Werte gesiegt haben. Man sieht ja anhand der weiteren Entwicklung, dass das der richtige Weg war. Von diesem denkwürdigen Tag an wurde gemeinsam aufgebaut, was wir heute als Fanprojekt kennen."

„Durch den Pokalsieg 1995 konnten wir erneut einen großen Mitgliederzuwachs verzeichnen. Plötzlich hatten wir über 1.000 Mitglieder, wodurch mehr Geld in die Kasse gespült wurde. Mit dem Pokalsieg kamen die internationalen Spiele, zu denen wir Busfahrten organisierten. Seit Monaten schon suchten wir nach einem würdigen, repräsentativen Raum für unser Fanprojekt, und durch den enormen Anstieg der Mitgliederzahlen war es uns nun möglich, auf dem Eickener Markt eine kleine Videothek zu übernehmen und sie zu einem Treffpunkt für unsere Mitglieder und Fans umzubauen. Das ist gut gelungen, und von nun an war der ‚Fanladen' vor den Heimspielen immer voll. Aber auch während der Woche hatten wir hier einen eigenen, zentralen Anlaufpunkt, in dem sich die Borussen treffen konnten.

Zusätzliche Einnahmen konnten durch den Verkauf von eigenen Fanartikeln generiert werden. Auch schöngeistige Getränke wurden dem solventen Fan gereicht. Aus heutiger Sicht war das total umständlich: Immer am Abend vor den Spieltagen wurden unsere zwei Großraumkühlschränke befüllt. Die Getränke reichten gerade einmal bis kurz vor dem Anpfiff, dann musste schleunigst nachgefüllt werden, damit nach dem Spiel wieder alle etwas Gekühltes zu trinken hatten. Im Laufe der Zeit machten immer mehr Fans unseren Laden vor und nach dem Spiel zu ihrem Treffpunkt. Schon bald reichte der Platz nicht mehr aus. Trotzdem war es dort wunderschön, denn endlich hatten wir etwas Eigenes. Leider gab es dort aber nur eine Toilette, so dass sich ein Großteil der Fans anderweitig behelfen musste. Noch heute erzählen manche Anwohner, dass ihnen damals jemand in den Briefkasten gepullert hätte.

Heute fragt man sich, wie das alles nur ging. Immer mehr Leute, immer mehr! Das war wirklich eine schöne Zeit im Eickener Fanladen. Dort mischte sich alles: die Älteren, die Jüngeren, die Hools, die normalen Fans und die Kutten. Der Grundgedanke, alle Borussen unter einen Hut zu bekommen, jedem gegenüber tolerant zu sein, keinen auszugrenzen und das Sprachrohr und der Vertreter aller Faninteressen zu sein, wurde dort einfach gelebt. Sowieso halten wir auch heute noch die Ausgrenzung von Fans mit anderen Ansichten für kontraproduktiv. Dadurch wird die Szene unnötig gespalten und Gespräche werden bereits im Vorfeld erschwert.

Bestimmt ist das der Schlüssel zu unserem Erfolg, dass Mönchengladbach heute als einer der friedlichsten Bundesligastandorte Deutschlands gilt.

Zu dieser Zeit kam auch unsere Walli als Mitarbeiterin zum Fanprojekt. Damals war sie schon über 60 Jahre alt, und bis heute ist sie die gute Seele des FP MG. Immer noch übernimmt sie gelegentlich kleinere Aufgaben und immer noch begleitet sie unsere Borussia auch zu Auswärtsspielen. Nicht nur der Autor dieses Buches würde es daher begrüßen, wenn unsere Fans der Walli gelegentlich einmal mit einem hübschen Blumenstrauß für ihren großartigen Einsatz danken würden!

Aber nicht nur die Eintrittskarten, gemeinsame Fahrten und der Fanladen haben die Leute angelockt. Durch unsere Vereinszeitung Nordkurve konnten wir die Mitglieder informieren, unterhalten und an das FP binden. Einer von den vielen, die dieses Fanzine mit Textbeiträgen füllten, war Fritz Fresse. Zusammen mit Fiasko Delgado und Etienne Vèritè legte dieser – ein klein wenig überdrehte – Zeitgenosse seine ganze kreative Schaffenskraft in die Berichterstattung über Ereignisse innerhalb der Borussenszene. Heute dazu befragt, gibt er unumwunden zu, dass er beim Schreiben der Texte mindestens genau so viel Spaß hatte, wie wir beim Lesen. Vielleicht sogar noch etwas mehr. ‚Am meisten freut mich aber immer noch', so der alte Fritz Fresse, ‚dass Borussiafans Aufkleber anfertigen ließen, auf denen *I love Fritz Fresse* stand!'

Um einmal zu illustrieren, wie viel bunte Knete er damals tatsächlich im Kopf hatte, erzählte er mir folgende kleine Geschichte:

‚Eines Tages saß ich ziemlich frustriert im Fanladen. Ich sollte einen Text schreiben, aber mir fiel überhaupt nichts ein. Gelangweilt und missmutig surfte ich im Internet. Damals war das bei Weitem noch nicht so weit entwickelt wie heute. Manche Funktionen gab es noch nicht, und auf manch andere Sachen wurde noch nicht so viel Wert gelegt. Da saß ich also vor dem Computer und betrachtete mir einmal diese und dann wieder jene Seite. Schließlich landete ich auf der Seite eines sehr bekannten Fanclubs des FC Köln. Um zu vermeiden, dass es Komplikationen mit der besagten, jetzt noch existierenden Gruppe gibt, nennen wir sie hier lieber mal ‚Hobby

Voodoogruppe Ossendorf (HVO)'. Wie andere auch hatten diese Fans des FC ein Forum auf ihrer Internetplattform eingerichtet. Dieses war aber nicht so geschützt, wie man das heute kennt. Jeder konnte da unter irgendeinem Namen ohne Anmeldung etwas posten. Einfach so. Und mir war langweilig. Deshalb suchte ich mir im World Wide Web den Namen einer beliebigen Schwulenkneipe in Köln heraus. ‚Zum Pitter' war die erstbeste einschlägige Gaststätte, die ich unter der Rubrik ‚Schwulenkneipe' finden konnte. Dann surfte ich in aller Gelassenheit zurück zum Forum der Hobby Voodoogruppe Ossendorf, um mir dort den wirklichen Namen eines FC-Fans ‚auszugucken'. Leider erinnere ich mich heute nicht mehr genau daran, welchen ich für meinen Schabernack auswählte. Deshalb nennen wir ihn hier der Einfachheit halber ‚Andi'. Mein Kriterium für die Auswahl des Namens war, wie oft der richtige ‚Andi' schon in diesem Forum gepostet hatte, und ob er aufgrund seiner Beiträge als vollwertiges Mitglied dieser Gruppe identifiziert werden konnte. Noch heute, nach all den vielen Jahren, muss ich grinsen, wenn ich daran denke, wie ich unter seinem Namen folgendes Posting verfasste: ‚Hey Jungs, gestern habe ich im Pitter einen von den Leverkusener Ultras kennen gelernt. Der war richtig nett zu mir. Wollen wir vielleicht in der Zukunft mal was mit den Lev's zusammen machen? Was meint ihr?'

„Sex vor dem Spiel? Das können meine Jungs halten wie sie wollen. Nur in der Halbzeit geht es nicht".
(Berti Vogts)

Als ich am nächsten Tag wieder in dieses Forum schaute, sah ich, dass sehr viele FC-Fans auf dieses Fake-Posting reagiert hatten. Manche waren richtig wütend und warfen ‚Andi' vor, dass er wohl nicht mehr alle beisammen hätte …

Natürlich hoffe ich heute, dass der richtige Andi am nächsten Spieltag keine allzu heftigen Reaktionen seiner FC-Kumpels ertragen musste. Ich hatte jedenfalls Spaß vor dem PC!' "

„Gerade in der schmerzlichsten Stunde von Borussia Mönchengladbach hat sich erwiesen, wie wichtig das Fanprojekt ist. Hätte es uns damals nicht gegeben, würde es unsere Borussia in der heutigen Form nicht mehr geben. Der Verein ist in jenem Jahr abgestiegen, hatte 30 Millionen D-Mark Schulden und keine Seele mehr. Alle, die dem Verein bis dahin eine Seele gegeben hatten, hatte man verprellt. Das war fatal. Es schien, dass so mancher Entscheidungsträger bei Borussia überhaupt nicht verstanden hatte, was dieser Verein eigentlich ist und was er für so viele auf der ganzen Welt bedeutet. Man konnte sehen, dass die Emotionalität so eines Abstiegs einige in der Geschäftsstelle am Bökelberg kaum berührte. Und woher kamen die vielen Schulden? Der Laden war damals richtig gegen die Wand gefahren worden. Wirtschaftlich und sportlich – es war ein einziger Scherbenhaufen! Auch die Fans waren frustriert und zeigten das. Es gipfelte beim Heimspiel gegen Duisburg, als sich alle Borussen in der Nordkurve rumgedreht haben. Fünf Minuten zeigten sie den Verantwortlichen und den Spielern die kalte Schulter. Zu diesem stillen Protest gegen die damaligen Zustände hatten wir als Fanprojekt aufgerufen. Wir wollten den Frust der Leute friedlich kanalisieren. Als Sprachrohr und Vertreter aller aktiven Fans waren wir auch die Opposition, und von so manchem in der Geschäftsstelle wurden wir nicht gern gesehen. Heute gibt es unsere Ultras, die sich intensiv für Tradition und Werte einsetzen, aber damals gab es noch keine. So wie sie es heute tun, setzte sich damals für die Fanbelange im Wesentlichen das Fanprojekt ein, und infolgedessen haben wir manchem bei Borussia nicht in den Kram gepasst. Wir waren halt unbequem.

Als wir uns zum Beispiel darüber beschwerten, dass die Fanartikel für die Fans viel zu teuer sind, haben wir von einem Angestellten die lapidare Antwort gekriegt: ‚Tja, wenn man sich nur einen Käfer leisten kann, dann kann man sich keinen Mercedes kaufen.' Das war der Punkt, an dem wir dachten, dass es so nicht weitergehen kann. So ein Verhältnis ist wirklich nicht gut. Mit einigen der damaligen Angestellten bei Borussia kam man keinen Schritt weiter.

Als dann immer klarer wurde, dass wir absteigen, fertigten wir ein großes Banner an, auf dem stand: Wir sind Borussia! Dieses Plakat sprach vielen aus dem Herzen. Es besagte aber auch, dass wir Borussia trotz allem nicht im Stich lassen würden. Wir Fans sind die Seele des Vereins, *wir* sind Borussia, und wir stehen zu unserem Verein! Auch in schweren Zeiten. Dieses Motto hat die vielen trauernden Fans vereinigt. Wir als Fans und wir als Fanprojekt hatten die verdammte Aufgabe, den Verein so lange zu tragen und zu stützen, bis die Borussia wieder auf die Füße kommt. Genau dafür hat man uns als FP MG gebraucht.

Wir haben Borussia am Leben gehalten und die Emotionen der Fans aufgefangen. Wir haben allen Borussen in ihrer Trauer und Enttäuschung einen Raum und eine Heimat gegeben. Unser Fanladen war der emotionale Mittelpunkt für alle Galdbachfans. Wenn es diese Konstellation nicht gegeben hätte, wenn wir die Fans nicht aufgefangen und an uns gebunden hätten, wäre die Borussia auch nicht wieder so stark auferstanden.

Wir im Vorstand des Fanprojekts haben es als äußerst positiv wahrgenommen, dass die, die nach dem Abstieg bei Borussia das Ruder übernommen haben, das auch so sahen. Deren Feedback war nämlich: ‚Ohne euch hätten wir das nicht geschafft.' Deshalb waren wir Fanprojektler auch bei der 100-Jahr-Feier als riesengroße Gruppe eingeladen.

Aber leider haben wir heutzutage wieder neue Sorgen. Wir befürchten, dass bei all dem Kommerz heute der Fußball die Herzen der Leute nicht mehr so berührt. Profit. Profit. Profit. Gewinnmaximierung scheint die Grundlage aller Entscheidungen zu sein. Damit meinen wir den Fußball in seiner Gesamtheit

Dem wollen wir entgegensteuern und es ist unsere Motivation, genauso weiterzumachen wie bisher. Die Liebe zur Borussia soll im Vordergrund stehen. So lautete von Anfang an unser Credo, und dies war die Grundvoraussetzung dafür, dass wir in MG kein rechtes oder linkes Problem haben, wie in anderen Städten. Wir haben tatsächlich jedem Einhalt geboten, der nur ins Stadion kam, um seine persönlichen politische Ansichten und Ideologien zu verbreiten. Für solche Zwecke können die auf ihre Parteitage gehen. Wir lassen uns von niemandem in irgendeine politische Richtung drängen. Bei Borussia steht die Raute im Mittelpunkt, und durch sie sind wir mit den Leuten verbunden. Darauf sind wir stolz. Genauso wie auf unser eigenes Fanhaus, welches wir nun unweit des Stadions haben. Nach monatelangem Umbau konnten wir eine alte Militärbaracke zu einer Residenz für alle Gladbachfans herrichten, die in ganz Deutschland ihresgleichen sucht. Inklusive Bolzplatz und dem Jugendcontainer kostete uns das knapp 650.000 Euro und konnte 2006 eröffnet werden. Man kann sich ja wohl vorstellen, dass dies unsere mittlerweile 7.000 Mitglieder ebenso stolz macht wie uns als Vorstand."

„Was interessiert mich mein Geschwätz von gestern.“
(Konrad Adenauer)

„Es ist mit dem gesunden Menschenverstand kaum zu begreifen, was sich in unserem Land so alles ereignet. Aber wir wollen es zumindest einmal versuchen, denn jeder ehrenwerte Fan in ganz Deutschland hat ja schließlich das Recht darauf, gut informiert zu sein. Vielleicht können andere auch etwas daraus lernen. Wir wissen jedoch leider nicht, was, denn so etwas kommt aus heiterem Himmel.

Seit dem Jahr 1998 haben wir das Geld, welches wir eingenommen haben, wieder in unsere Jugendarbeit gesteckt. Deshalb haben wir vom Finanzamt den Status der Gemeinnützigkeit zugesprochen bekommen. Diese wurde uns jedes Jahr aufs Neue bestätigt, doch jedes Mal mit dem Zusatz ‚unter dem Vorbehalt der Nachprüfung‘. Das Finanzamt ist auch der einzige Laden, der das ‚darf‘. Die können also sagen: ‚Ja, das ist zur Zeit unsere Auffassung, aber es kann auch sein, dass wir das irgendwann mal ganz anders sehen.‘ In Fansprache übersetzt: ‚Ja, klasse, phantastisch – aber vielleicht ist das morgen total scheiße.‘ So war über all die vielen Jahre trotzdem alles gut, und wir haben uns auch immer ganz bewusst an die Regeln des Finanzamts gehalten! Haben wir! Mal ehrlich: Wer will schon Ärger mit dem Finanzamt, wer will sich schon mit denen anlegen? Bis 2012 ist das auch gutgegangen. Und dann auf einmal – potzblitz – kommt ein neuer Beamter und sagt so mir nichts, dir nichts zu uns: ‚Wat is dat denn? Wo steht denn im Steuerrecht, dass ein Fanprojekt gemeinnützig ist?‘ ‚Aber Herr XXX, wir haben das doch schriftlich vom Finanzamt bestätigt bekommen, dass wir gemeinnützig sind!‘ ‚Ja, ja, das kann schon sein, aber im Steuerrecht steht nicht, dass ein Fanprojekt gemeinnützig ist! Wenn Sie zum Beispiel Nonnen ausbilden würden, dann wären Sie tatsächlich gemeinnützig – aber ein Fanprojekt … arbeiten mit Fans … arbeiten mit problematischen Fußballfans … so etwas steht nicht im Steuerrecht! Das, was Sie hier machen, ist doch nur für den Spaß!‘ ‚Aber Herr XXX, das haben doch Ihre Kollegen gesagt!‘ ‚Ja, ja – dann haben die Kollegen eben einen Fehler gemacht. Kein Problem. Das Fanprojekt kann nichts dafür. Aber trotzdem muss das Fanprojekt jetzt die letzten sechs Jahre nachversteuern!' ,Wie jetzt? Das war doch Ihr Fehler!' ,Ja,ja, das war unser Fehler, und das werden wir auch intern nochmal besprechen. Trotzdem müssen Sie das jetzt nachversteuern. Außerdem steht da ,unter Vorbehalt der Nachprüfung'. Und deshalb werden die letzten sechs Jahre von Ihnen nachbezahlt!'

Wow! Klasse System! Das Finanzamt kann also jederzeit sagen: ,Oh, da haben wir zwar einen Fehler gemacht, aber den müssen Sie jetzt ausbaden.' Ob das fair ist? Viele im Vorstand waren fassungslos.

Ganz fleißig und völlig unverkrampft hat das Finanzamt dann ,nachberechnet' und ist zu dem Ergebnis gekommen, dass das FP MG eine Nachzahlung von 200.000 Euro zu leisten hätte. Tja, ein normaler Verein ist damit platt. Zahlungsunfähig. Pleite. Alles den Bach runter! Zum Glück hatten wir ein paar Rücklagen gebildet. Zum Glück! Aber 200.000 Euro – nee, soviel hatten wir dann auch nicht! Wir haben zwar in dem Jahr, als die Nachzahlung vom Finanzamt ,beschlossen' wurde, einen Umsatz von ca. 1,5 Millionen gemacht – aber 200.000 Euro auf der hohen Kante – die hatten wir nun wirklich nicht! Woher auch? Wir haben das Geld ja wirklich in die Jugendarbeit gesteckt! Unser Steuerberater wollte sofort klagen. Der hat sein ganzes Leben lang Großunternehmen betreut. Der kennt sich aus in der Materie: ,Wir klagen sofort! Das lassen wir uns nicht bieten! Unverschämtheit! Sechs Jahre rückwirkend? Wir klagen! Ich habe in vierzig Jahren keinen Prozess verloren. Sowas, nee, wir gehen vor Gericht! Die haben doch den Scheiß gebaut, das ist doch jetzt nicht unser Fehler!' Auch unser Steuerberater war außer sich.

Doch wir wollten nichts überstürzen und haben noch die Meinungen anderer Fachleute angehört. Natürlich sagten uns alle, dass wir recht hätten. Aber so ein Prozess dauert manchmal sechs bis sieben Jahre, und das Finanzamt besteuert das Ganze mit derzeit 6 % Zinsen. Falls wir also den Prozess doch verlieren sollten, dann würde es noch viel teurer werden. Man weiß ja auch nie vorher, welchen Richter man hat, und wie der die Sache bewerten würde.

Daraufhin haben wir dieses Desaster mit Borussia besprochen, und die Verantwortlichen sagten, dass sie uns einen zinslosen Kredit einräumen würden. Nach langem Hin und Her innerhalb des

Vorstandes haben wir uns schließlich dazu entschlossen, doch nicht zu klagen und den Kredit von Borussia zu nutzen. Unser Steuerberater hat das bis heute noch nicht verarbeitet. Der hätte gerne geklagt. Der ist sich zu 1900 % sicher, dass wir den Prozess gewonnen hätten. Aber nun zahlen wir bei Borussia den Kredit ab. Natürlich machen wir es nun so, wie es das Finanzamt jetzt gerade gern hätte. Und – caramba – pünktlich nach genau drei Jahren stand derselbe Finanzbeamte wieder bei uns auf der Matte und begann völlig unbeschwert mit einer Nachprüfung der letzten drei Jahre! Nun ist er erstmal zufrieden. Erstmal.

„Am Ende wird alles gut. Wenn es nicht gut wird, ist es noch nicht das Ende.“
(Oscar Wilde)

Die Folgen dieser ‚Neubeurteilung‘ des Finanzbeamten und die damit verbundene Aberkennung der Gemeinnützigkeit waren natürlich sehr weitreichend. Was sollte denn nun mit unseren Jugendprojekten werden? Wie sollten wir denn nun Fanarbeit und wie unsere Gewaltprävention fortführen? Jede Bundesligastadt muss doch ein Fanprojekt haben! Bis zu diesem Zeitpunkt galten wir mit unserer Fanarbeit bundesweit als vorbildlich, und da wir alles aus unseren eigenen Einnahmen finanziert hatten, freute sich die Stadt Mönchengladbach schon zwei Jahrzehnte lang ein drittes Loch in die Nase. Denn obwohl sie gesetzlich verpflichtet gewesen wäre, einen finanziellen Beitrag für Fanprojekte zu leisten, hatte sie doch durch unsere Selbstfinanzierung bisher keine Ausgaben. Und obwohl wir keine öffentlichen Gelder – die uns eigentlich zugestanden hätten – in Anspruch nahmen, hatten wir ein vorbildlich funktionierendes Fanprojekt mit einer beispielhaften Jugendbetreuung auf die Beine gestellt. Nun musste also alles umgekrempelt werden. Jetzt mussten wir unser bisheriges Jugendzentrum ‚de Kull‘ auslagern und mit anderen Strukturen neu gründen. Natürlich taten wir das nach den Richtlinien des ‚Nationalen Konzepts für Sport und Sicherheit‘. Das kostet Geld. Viel Geld von der Stadt. Aber die Stadt ist pleite. Na, die waren vielleicht begeistert!

Durch den dienstbeflissenen Finanzbeamten hat die Stadt zwar eine einmalige Nachzahlung von 200.000 Euro erhalten, muss aber nun jedes Jahr 40.000 Euro für die pädagogische Betreuung von

Fußballfans zahlen. Man muss kein studierter Finanzökonom sein, um sich ausrechnen zu können, ab dem wievielten Jahr die Stadt derbe draufzahlen muss. Und zwar jedes Jahr aufs Neue! Was für ein Minusgeschäft! Aus kaufmännischer Sicht … naja … klasse! Und weil das Kraut damit immer noch nicht fett ist, muss ab jetzt auch noch das Land NRW jedes Jahr 60.000 Euro für die Fanarbeit in Mönchengladbach bezahlen. Mit anderen Worten: der Steuerzahler. Für eine vorbildliche Fanarbeit, die es bis dahin völlig umsonst gab, muss nun der Steuerzahler jährlich (Stadt und Land NRW zusammen) 100.000 Euro berappen. Juhu!"

Peppo

„Unabhängigkeit ist ein großes Gut.“

In meinem Gespräch mit den Vorstandsmitgliedern des Fanprojekts wurde ausdrücklich die Fan- und Jugendarbeit erwähnt. Grund genug, an dieser Stelle auch einmal Peppo, den Gründer und jetzigen Leiter von de Kull, zu Wort kommen zu lassen. Auch seine Geschichte trägt zum besseren Verständnis unseres großen und vielseitigen Borussen-Universums bei.

„Im Jahr 2007 habe ich angefangen, soziale Arbeit zu studieren. Als Bestandteil des Studiums war ein Praktikum in einer sozialen Einrichtung vorgesehen. Da ich mich früher unter der Woche regelmäßig mit anderen Jugendlichen im Fanladen in Eicken aufgehalten habe, kam mir die Idee, so etwas auch im neuen Fanhaus anzubieten. Diesen Vorschlag machte ich Thomas Ludwig und Tower, und am 14. November 2007 fand der erste von mir organisierte Jugendnachmittag statt. Vorher hatte ich selbst entworfene Flyer in der Nordkurve verteilt, und es kamen tatsächlich Jugendliche ins Fanhaus. Von diesem Tag an habe ich immer mittwochs einen Jugendnachmittag durchgeführt. Aber schon bald reichte der kleine Raum, den wir im Fanhaus zur Verfügung hatten, nicht mehr aus. Außerdem wollte ich mich mit den Jugendlichen gern aus dem Kneipenkontext lösen. Dafür schien ein ungenutztes Gelände hinter dem Fanhaus geeignet. Über ein Jahr dauerte es, bis alle Informationen und Genehmigungen eingeholt werden konnten. Dann haben wir mit den Jugendlichen zusammen dieses Areal umgebaut.

„Für das Können gibt es nur einen Beweis: das Tun!“
(Marie von Ebner-Eschenbach)

Eine ganze Woche lang durfte ich Bagger fahren; wir haben zusammen gepflastert, einen Bolzplatz gebaut, einen Container gekauft und dabei viel zusammen gelacht. Der Container wurde unsere neue Residenz. Er hatte zwar nur 30 Quadratmeter, aber er war beheizt und mit Strom ausgestattet. Anschließend habe ich aus meinem Wohnzimmer die Theke demontiert und in unser neues Domizil eingebaut. Da wir mit der Aktion keine übergroßen Kosten verursachen durften, mussten wir natürlich viel selbst machen, was bisweilen eine echte Herausforderung darstellte. Den umgebauten Container betrachteten die Jungs nun als ihren Freiraum. Da war keine Schule, da waren keine Eltern, da waren keine anderen nervigen Jugendlichen, da waren nur Jungs aus der Nordkurve. In dieser Zeit haben wir auch unsere erste Bildungsfahrt nach Auschwitz unternommen. Nach anderthalb Jahren brauchten wir aber endlich einen Namen. Deshalb habe ich ein Flipchart aufgestellt und alle um Vorschläge gebeten. Wie sich wohl jeder vorstellen kann, kamen zuerst die wildesten Entwürfe. ‚Frettchens fette Suffbude' war einer der ersten. Doch langsam wurden die Ideen seriöser, bis wir uns auf den Namen ‚de Kull' einigen konnten. Das ist Gladbacher Platt und bedeutet so viel wie ‚die Kuhle' oder ‚das Loch'. So wurde der erste Sportplatz genannt, auf dem unsere Borussia vor vielen, vielen Jahrzehnten gespielt hat. Das fanden alle cool, weil unser Lieblingsfußballverein eben in de Kull groß geworden ist.

2009 war auch das Jahr, in dem Hannes zu uns gestoßen ist, um bei uns ein Praxissemester zu absolvieren. Mit ihm zusammen habe ich neue Ideen entwickelt und Pläne geschmiedet und konnte so während meines Studiums de Kull immer weiter voranbringen: Es gelang, von einem Jugendnachmittag auf zwei zu erhöhen, U18-Fahrten zu fast jedem Auswärtsspiel zu organisieren und Ferienfahrten durchzuführen. Dabei war mein Anspruch, mir immer coole Erlebnisse für unsere Jugendlichen auszudenken. Als ich 2011 mein Studium erfolgreich beendet hatte, wurde ich vom Fanprojekt als Sozialarbeiter fest angestellt, und Hannes bekam eine 450 Euro Stelle. Ab da sind wir dann richtig durchgestartet und haben mehrere Tage in der Woche aufgemacht. Das ganze lief jetzt schon sehr professionell, aber trotzdem leidenschaftlich. De Kull war schließlich unsere Passion. Wir haben für unser Jugendzentrum auch einen alten Ford Transit gekauft, welchen wir über und über mit Graffiti besprüht haben. Zwei Jahre später schaute ich mal zufällig auf den Fahrzeugschein, in dem als Farbe des Fahrzeugs ‚weiß' eingetragen war. Weiß war der schon lange nicht mehr – wir hatten durch unsere wilden Bemalungen ein völlig anderes Auto daraus gemacht.

An dieser Stelle möchte ich mal erwähnen, dass es immer wieder leichte Differenzen mit anderen sozialpädagogischen Fanprojekten in ganz Deutschland gab, die sich seit Anfang der 1990er Jahre entwickelt hatten. Beiderseitig. Dies hatte vor allem zwei Gründe. Zum einen hatten nicht alle Sozialarbeiter, die dort arbeiteten, einen Fanhintergrund, das heißt, die waren gar nicht unbedingt Fans des jeweiligen Vereins. So eine Konstellation hat uns in Mönchengladbach immer widerstrebt. Hannes und ich sind eben Fans von unserer Borussia und gleichzeitig ausgebildete Sozialarbeiter. Aber trotzdem wollten wir mit den anderen natürlich eine Kooperation aufbauen. Der zweite Grund für die gelegentlich auftretenden, kleinen Verstimmungen war, dass man uns bei der Bundesarbeitsgemeinschaft der Fanprojekte die Anerkennung versagte, weil wir ein paar ihrer Kriterien nicht erfüllten. Somit wurden wir nicht in die BAG aufgenommen. Daraufhin bin ich zur BAG gefahren und habe artikuliert, dass es für mich nichts Unsozialeres gibt, als unser Modell nicht anzuerkennen. Eigentlich war de Kull von Anfang an ein sozialpädagogisches Fanprojekt – nur eben unter dem Dach des nichtsozialpädagogischen Fanprojekts Mönchengladbach.

„Denke als Opfer und jammere, denke
als Sieger und lebe in Lösungen.“
(R. Schwarz)

Dann kam der Knackpunkt, als uns das Finanzamt die Gemeinnützigkeit entzog. Da ist mir wirklich der Arsch auf Grundeis gegangen. Ich war für kurze Zeit echt sauer, dass die unsere Arbeit kaputt machen wollten. Alles, was wir uns aus eigenen Mitteln in jahrelanger Arbeit selbst aufgebaut hatten! Alles zerstört. Eine Zeitlang war ich echt bockig und dachte: Wenn die uns die Gemeinnützigkeit entziehen, machen wir auch keine soziale Arbeit mehr! Dann kann das Finanzamt gefälligst selber Gewaltprävention machen und sich mit renitenten Jugendlichen beschäftigen!

Doch mein Frust und meine Enttäuschung legten sich bald wieder. Es musste doch irgendwie weitergehen! Aufgrund des Entzugs der Gemeinnützigkeit und unserem Wunsch, durch die Bundesarbeitsgemeinschaft der Fanprojekte anerkannt zu werden, habe ich mit dem Aufbau eines neuen, sozialpädagogischen Fanprojektes begonnen. Durch Zufall hatte ich damals bereits damit begonnen, Sozialmanagement zu studieren. Das war natürlich sehr vorteilhaft, weil ich mir dabei die nötigen Kompetenzen aneignen konnte. Als nächstes brauchten wir einen Träger. Da wir aber ein großes Bedürfnis nach Unabhängigkeit haben, kamen die AWO oder die Caritas für uns als Träger nicht infrage. Unabhängigkeit ist ein großes Gut, und es kristallisierte sich immer mehr heraus, dass wir auch einen eigenen Trägerverein aufbauen mussten. Das war zwar viel Arbeit, aber letztendlich gelang es uns in Zusammenarbeit mit dem Vorstand des FP MG und dem Verein Borussia, diesen Trägerverein zu gründen. Das wiederum hatte zur Folge, dass wir nun vom Jugendhilfe-Ausschuss der Stadt die offizielle Anerkennung als Freier Träger der Jugendhilfe bekamen. Damit geht natürlich eine öffentliche Finanzierung einher, denn ein sozialpädagogisches FP wird durch die Stadt, durch das Land und durch die Deutsche Fußball Liga finanziert!

Wenn wir das Ganze jetzt Revue passieren lassen, können wir feststellen, dass das Finanzamt zwar dem FP MG die Gemeinnützigkeit aberkannt und eine Nachzahlung (rückwirkend) von 200.000 Euro aufgebrummt hat – aber dadurch entstand ein neues de Kull, welches nun berechtigt ist, öffentliche Gelder zu beanspruchen. Also ist dieses Geld – gefühlt – ja gar nicht verlorengegangen. Im Gegenteil: das Geld, welches sich der Staat geholt hat, muss er nun an anderer Stelle um ein Vielfaches erhöht wieder auszahlen. Und das über viele, viele Jahre.

„Wenn der Wind der Veränderung weht, bauen die einen Mauern und die anderen Windmühlen.“
(Chinesische Weisheit)

Im Zuge dieser Mitfinanzierung haben wir von der Stadt ein Gebäude für unser neues Jugendzentrum zur Verfügung gestellt bekommen. Das ist eine alte Schule, die natürlich viel mehr Platz für unsere Aktivitäten bietet, als der alte Container. Hier konnten wir Ende 2014 einziehen, nachdem wir wieder vorher zusammen mit den Jugendlichen alles renoviert haben.

Nun kommt mittlerweile die vierte Generation von Jugendlichen zu uns, und wir befinden uns in einem ständigen Wandel. Jugendliche kommen und gehen – wir kümmern uns um alle. Das schließt die gesamte Ultraszene mit ein. Auch in diesem Bereich entwickeln wir uns immer weiter. Wir sind jetzt immer – egal wo die Borussia spielt – mit mindesten zwei Mitarbeitern vor Ort, und an Heimspieltagen haben wir ein mobiles Jugendzentrum hinter der Nordkurve. Inzwischen haben wir uns so vergrößert, dass wir schon fünf hauptamtliche Mitarbeiter, mehrere 450 €-Kräfte und mehrere Praktikanten beschäftigen

Im alten Container am Fanhaus haben wir inzwischen eine Kinderbetreuung installiert. Dort ist dreimal in der Woche geöffnet, und unsere Mitarbeiter machen mit Kindern zwischen sechs und zwölf Jahren soziale Arbeit. Das betrifft Freizeitangebote ganz allgemein, Bildungsprojekte, Leseprojekte, Ferienfreizeiten, Rassismusprävention, Gewaltprävention bis hin zu angeleiteten und beaufsichtigten Fußballspielen auf unserem Bolzplatz. Außerdem bieten wir an mehreren Schulen im Rahmen des offenen Ganztags AG's an. So nehmen wir dort schon Kontakt zu den Jungs auf, die wir eventuell im Stadion wiedertreffen. Zudem organisieren wir in den Ferien die ‚Streetsoccer Tour', bei der in der ganzen Stadt Straßenfußball gespielt wird

Nach rund zehn Jahren Aufbauarbeit und dem Sammeln so vieler Erfahrungen in der täglichen Arbeit mit Jugendlichen sind wir vor Kurzem in die Arbeitsgruppe des Freizeitstättenbedarfsplans der Stadt Mönchengladbach aufgenommen worden. Das heißt, dass plötzlich sogar unsere Meinung als Experten gefragt ist. Das sehen wir durchaus als Anerkennung unserer Arbeit. Und in MG wird mittlerweile wohl fast jeder Jugendliche de Kull oder das Fanprojekt – welches nach der Ausgliederung von de Kull offiziell FP MG Supportersclub e.V. heißt – kennen. Wir sind in der ganzen Stadt präsent, und alles, was mit Fußball und sozialer Arbeit in MG zu tun hat, ist de Kull. Und neue Projekte sind bereits in Planung!

Was mir noch wichtig ist: Es ist ein Irrtum zu glauben, man könne aus der weiteren Entwicklung eines Menschen ablesen, ob die soziale Arbeit gut oder schlecht war. Die Polizei zum Beispiel würde den Wert sozialer Arbeit immer nur an Statistiken messen. Das ist aber nicht ganz richtig, denn es ist nicht das primäre Ziel sozialer Arbeit, den Lebensweg von Menschen zu verändern. Noch weniger kann soziale Arbeit als eine Art Ordnungsinstanz herhalten. Stattdessen ist sie dazu da, Menschen zu begleiten. Und jeder Mensch ist individuell. Es liegt auch nicht in unserer Macht, zu entscheiden, welche Menschen überhaupt zu uns kommen. Wir als Sozialarbeiter sollen und wollen mit denjenigen arbeiten, die Probleme haben. Deshalb ist es im Umkehrschluss ein Zeichen von guter sozialer Arbeit, wenn genau diese Menschen den Weg zu uns finden. Sie sind ja nicht verpflichtet, zu uns zu kommen. Leider wird das gelegentlich missverstanden.

Ich selber komme aus der Ultraszene und habe diese Einrichtung aufgebaut. Sie ist in MG eine der wenigen Institutionen, die dafür sorgt, dass es einen Dialog zwischen Fans und der Polizei gibt. Daher möchte ich es einmal ganz, ganz vorsichtig formulieren: Falls es bei manchen Polizisten das Vorurteil geben sollte, dass wir hier nur dafür da wären, kleine Ultras zu produzieren, und falls dieses Vorurteil dann auch noch auf politischer Ebene weitergegeben würde, dann wäre das eine absolute Farce! Falls die Polizei so etwas behaupten würde, stünde dies nämlich in krassem Gegensatz zum eigentlichen Geschehen und auch zu unserer Absicht. Denn wir versuchen beständig, den Dialog zu stärken! Es ist überhaupt nicht so, dass wir in unserer Einrichtung kleine Ultras heranzüchten, sondern im Gegenteil: junge Ultras kommen in unsere Einrichtung! Und nur weil sie kommen, können wir dann mit denen arbeiten! Wir unterstützen diese jungen Menschen auf ihrem Lebensweg und stehen dabei gleichzeitig voll hinter den Gesetzen unseres Landes. Die sind schließlich unsere Arbeitsgrundlage! Aber wir sind kein Sicherheitsapparat!

Leider hat auch die Borussia bei so manchen Kommunalpolitikern einen schlechten Stand. Dabei lassen sie völlig außer Acht, was dieser Verein alles für diese Stadt tut und was für ein positives Aushängeschild die Borussia für Mönchengladbach ist. Hier gibt es doch sonst nichts, aber auch wirklich gar nichts! Borussia Mönchengladbach ist hier in der Gegend nun einmal das Zugpferd, und ich finde es fatal, dies nicht anzuerkennen. Wie viele Menschen in Europa, ja: sogar in Deutschland!, würden denn die Stadt Mönchengladbach kennen, wenn es die Borussia nicht gäbe? Selbst für mich ist doch die Borussia in meiner Freizeit ein Stück Heimat. Wenn ich mit Freunden in der Nordkurve stehe, kann ich den Alltag hinter mir lassen und alles Negative ausblenden. Das gibt mir eine gewisse

Sicherheit. Borussia ist eine Konstante in meinem Leben, und mit den anderen zu Spielen zu gehen, ist wie ins Paradies zu gehen. Hier haben wir untereinander eine große Hilfsbereitschaft, es ist eine Art Familie, vielleicht sogar ein bisschen mit einer Religion vergleichbar. Selbst wenn mal kein Fußball ist, gehe ich manchmal mit meiner Freundin zum Borussiapark, um dort spazieren zu gehen. Das alles zusammen ist der Mythos Borussia.

Unsere Ultras

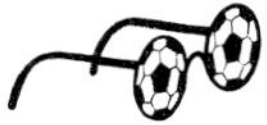

Rhabarberkuchen spielt in diesem Kapitel ausnahmsweise einmal nicht die Hauptrolle. Stattdessen möchte ich die Geschichte unserer Ultras erzählen. Sie sind unbestritten die größte Fanvereinigung in Mönchengladbach. Dabei bin ich mir im Klaren darüber, dass der folgende Bericht bestimmt kontrovers aufgenommen werden wird. Ich meine hauptsächlich die Geschichte vom Einbruch Kölner Fans in unser Stadion, den Diebstahl der Fahne der Ultras und die darauf erfolgte Reaktion. Doch selbst wenn man weiß, was für eine Symbolkraft ihre Zaunfahnen für die Ultras haben, kann man das Ausmaß dieser Provokation nur erahnen. Es liegt mir dabei fern, darüber zu urteilen, wie man in anderen Städten mit Problemfans umgeht. Wäre mir daran gelegen, andere schlecht zu machen, würde ich an dieser Stelle näher darauf eingehen, wie Kölner Fans versuchten, einen Reisebus mit Gladbachfans – in dem auch Frauen und Kinder saßen – bei voller Fahrt von der Autobahn abzudrängen. Aber darum geht es nicht. Wir sind Gladbacher und müssen vor unserer eigenen Haustür kehren. Hier geht es nur um die Geschichte unserer Ultras. Deshalb traf ich mich mit der Führungscrew und ließ mir von Martin, Kevin, Büffel, Philipp und Peppo was erzählen.

„*Nur wer selbst brennt, kann Feuer in anderen entfachen.*“
(Augustinus)

„Mitte der Neunziger begannen sich in unseren Stadien völlig neue Fangruppen zu entwickeln. Wie in anderen Städten auch kristallisierte sich ab 1995 in Mönchengladbach die Ultrabewegung heraus. Die erste Gruppe in MG war das Commando Ultra Nero Verde. Einige von denen waren früher nach Verona, Florenz oder Mailand gefahren und hatten sich dort die Kurven angeguckt. Tief beeindruckt von den italienischen Ultras und ihrer Art, die Mannschaften nach vorne zu pushen, hatten sie nun den Wunsch, die Ultrabewegung auch in M’Gladbach zu etablieren. Mit Doppelhaltern und großen Schwenkfahnen, die teilweise noch von ihren Müttern oder Omas genäht worden waren, tauchte diese Gruppe nun regelmäßig in der Nordkurve des altehrwürdigen Bökelbergs auf. Nach und nach fanden immer mehr Borussen Gefallen an dieser Art der Unterstützung. Vor allem junge Fans begannen, sich an dieser Gruppe mit ihrem neuen Stil zu orientieren. Gladbachfans aus dem Ruhrgebiet, aus Viersen, Süchteln und natürlich aus MG tummelten sich nun zunehmend im Umfeld vom Commando Ultra Nero Verde. Es entstanden auch zunehmend andere kleinere Grüppchen, die sich aber im Jahre 1998 zum Scenario Fanatico zusammenschlossen. Dies hatte sich als sinnvoll herausgestellt, um den Support für die Borussia besser organisieren und steuern zu können.

Von Beginn an war der Anspruch, die Ultra-Mentalität komplett ausleben zu können. Trotzdem steckte das damals alles noch in den Kinderschuhen und war auch noch nicht so straff durchorganisiert wie heute. Der Fokus lag auf Choreos und ein bisschen Pyro … und gelegentlich ein paar Kaltgetränke.

Damals hatte das Scenario Fanatico schon einen Infostand hinter Block 14 auf dem heiligen Bökelberg. Dort konnte man sich in der Gruppe anmelden, es wurden Collagen verkauft und Spenden für Choreos angenommen. Auch erste Fanartikel wie Buttons und verschiedene Schals wurden entworfen, hergestellt und hier verkauft. Seinerzeit ging es unter den Ultras Deutschlands noch ziemlich locker zu. Es war noch nicht wie heute, wo fast jeder mit jedem verfeindet ist. Damals kamen Gäste-Ultras noch einfach zu uns in die Nordkurve herüber, um Collagen und Fanzines zu tauschen. Eine Zeit lang gab es auch eine kleine ‚Achse' Stuttgart, Schalke und Mönchengladbach. Mit denen kamen wir sehr gut klar, tranken jede Menge Bier und spielten zusammen Fußball.

Das erste deutschlandweite ‚Ultrafescht' gab es 1999 in Stuttgart, wo viele verschiedene Gruppierungen aus ganz Deutschland zusammen gefeiert haben. Das zweite fand in Bremen statt, und auch dort hat noch jeder mit jedem gequatscht. Wir waren halt alle Ultras, und dieser Gedanke hat uns miteinander verbunden. Die Gewalt hat sich erst viel später hochgeschaukelt.

Zu dieser Zeit gab es bei jedem Verein so um die 20 Leute, die den Kern bildeten. Viel mehr waren das damals nicht. Beim SF waren damals auch ‚nur' 35 Leute.

In der Sommerpause 2001 ist Scenario Fanatico dann verboten worden. Ein Mitglied hatte sich im Fanhaus über den dortigen Computer in unserem Forum angemeldet und den PC dann leichtsinnigerweise so verlassen, dass sich auch Fremde in unser Forum einloggen konnten. Leider kam es dann, wie es kommen musste. Jemand hat sich in unser Forum eingeklinkt und dort interne Sachen gelesen und öffentlich gemacht, die so manchem in der Fanszene übel aufgestoßen sind. Unter anderem stand dort geschrieben, dass das Scenario die ‚schlagkräftigste Gruppe in MG' werden will. Da fühlten sich die Hools übelst auf den Schlips getreten. Auch hatte ein gewisser ‚R' da reingeschrieben, dass er andere Personen nur benutzen will, um sich innerhalb der Fanszene zu profilieren. Das fanden viele natürlich abstoßend. Dieses ganze Theater war für die, die dem SF nicht freundlich gesonnen waren, ein gefundenes Fressen. Sie nutzten diese Forumeinträge, um gegen uns Stimmung zu machen. Das alles führte schließlich dazu, dass Borussia gesagt hat ‚die wollen wir nun im Stadion nicht mehr haben'. Es wurden Stadionverbote für ein paar Mitglieder ausgesprochen und das SF wurde als Gruppe verboten.

Am ersten Spieltag nach dem Verbot haben sich ‚ehemalige' SF'ler in der Humboldtschänke getroffen. Einige der Hools kamen dazu und haben die klare Ansage gemacht, das jeder, der vom SF heute ins Stadion geht, weggehauen wird. Manche haben sich davon wirklich einschüchtern lassen und sind den Spielen ferngeblieben. Andere sind trotzdem ins Stadion gegangen und sagten sich: Da müssen wir eben durch!

Gerade bei den Jüngeren führte das zu einer gewissen Orientierungslosigkeit. Man wusste nicht so genau, was man nun machen sollte. Aber trotzdem hatten wir alle immer noch tierisch Bock auf die Ultrageschichte. Deshalb gründeten sich verschiedene, kleinere Gruppen neu. Die Niederrhein Chaoten zum Beispiel, die Generation Ultra und der Humboldt Pöbel. 2003 haben wir – die ehemaligen Führungsleute des SF – uns dann zusammengesetzt und beschlossen, wieder eine gemeinsame Ultragruppierung in MG zu gründen. Die Initiative ging dabei hauptsächlich von Sven K. und Gerrit H. aus. Auch Peppo von den Niederrhein Chaoten wurde angesprochen, was innerhalb dieser Gruppe zu Spannungen führte. Nicht jeder der NC wollte, dass ihre Vereinigung zugunsten einer neuen Gruppierung aufgegeben wird. Vielmehr wollten sie lieber eine ganz neue Ultragruppierung unter der Führung der NC gründen. Trotzdem schloss sich ein Teil der Niederrhein Chaoten den neugegründeten Ultras Mönchengladbach an. Die UMG baute eine eigene Internetplattform auf, was dazu führte, dass sich nun auch immer mehr neue Fans der Gruppe anschlossen. Auch die Wilden Jungs aus Odenkirchen stießen zu uns.

Natürlich war die Ultra-Bewegung in MG zu dieser Zeit noch im Aufbau und wurde von manchen alteingesessenen Fanclubs etwas kritisch beäugt. Der Büffel hat hier wesentlich dazu beigetragen, dass es mit der Zeit eine Harmonisierung innerhalb der Fanszene und zwischen ihren verschiedenen Gruppierungen gab und Vorurteile abgebaut werden konnten.

Der Führungszirkel der UMG traf sich von Anfang an immer bei Peppo zu Hause, und im Großen und Ganzen sind das heute noch dieselben Leute, die die Geschicke der Ultras lenken.

„Man wird auch manchmal aus dem Sattel geworfen,
ohne dass man auf einem Pferd gesessen hat.“
(Willy Meurer)

Einen großen Einschnitt gab es in der Saison 2007/08 durch den Einbruch der Kölner in unser Stadion. Dort haben sie aus einem Lagerraum unsere Zaunfahne und andere Dinge geklaut. Das haben wir erst gar nicht bemerkt. Man geht schließlich nicht an jedem spielfreien Tag ins Stadion und schaut nach, ob in einem verschlossenen Raum noch alle Sachen liegen. Aber nach ein paar Tagen ging innerhalb der Ultraszenen in Deutschland das Gerücht um, unsere Fahne sei angeblich in Köln. Erst da sind wir zum Stadion gefahren und haben das kontrolliert. Es war auch ein Fanbeauftragter von Borussia dabei, und als klar wurde, dass die Kölner wirklich im Stadion in einen abgeschlossenen Raum eingebrochen sind, gab es eine riesige Aufregung.

Wenn wir ehrlich sind, müssen wir zugeben, dass wir zu dieser Zeit noch sehr blauäugig waren. Erst später sind uns Dinge aufgefallen, die wir eigentlich hätten bemerken müssen. Anhand mehrerer Indizien wurde uns beispielsweise klar, dass sich die Kölner vor dem Fahnenklau schon mehrere Male illegal Zutritt zu den Räumen im Stadion verschafft haben mussten. Zum Beispiel hat ein Megaphon gefehlt. Natürlich hatten wir es gesucht, aber wir dachten, irgendjemand von uns hätte es mit nach Hause genommen. Auch wurde uns klar, dass wir nicht gecheckt hatten, dass unser Infostand-Banner geklaut worden war. Im Gegenteil: Wir hatten uns noch gegenseitig beschuldigt, nicht richtig darauf aufgepasst zu haben.

Dass sich Fremde gesetzwidrig Zugang zu unseren Räumen verschafft hatten – darauf sind wir erst nach dem offensichtlichen Fahnenklau gekommen. Das war ein abgeschlossener Raum innerhalb des Stadions, für den noch nicht einmal wir einen Schlüssel hatten. Fakt ist jedoch auch, dass wir bis dahin nie mit so einer charakterlosen Hinterhältigkeit der Kölner gerechnet hatten. Irgendwie waren wir damals wirklich viel zu arglos. Sogar als sich auf Mallorca ein Kölner vor Philipp aufbaute und ihm schon viele Tage vor dem Fahnenklau voller Hass ins Gesicht schrie: ‚Haha, jetzt haben wir etwas von euch!', sind wir wirklich nicht davon ausgegangen, dass die schon mehrmals in unser Stadion eingebrochen waren.

Es gibt einen allgemeinen Kodex, wie eine Ultragruppierung zu handeln hat, wenn sie ihre Fahne verliert. Damit ist jedoch der Fall gemeint, dass die Fahne durch eigene Dummheit oder im Kampf verloren geht. Dann muss sie sich auflösen. Ob das auch zu geschehen hat, wenn man die Fahne unter diesen Umständen verliert, stand nun zur Debatte. Bei so einem feigen Diebstahl – da gibt es keinen ‚Masterplan'. Da kann einem auch keiner was raten. Für uns war jedoch immer ganz klar, dass wir uns auflösen würden, falls wir unsere Fahne verlören.

Nun war dieser Tag gekommen, und wir lösten die UMG auf. Einige waren so zornig, dass sie am liebsten gleich nach Köln gefahren wären, um sich mit denen zu schlagen. Einer rief bei den Kölnern an und sagte: ‚Wir wollen wenigstens für unsere Fahne kämpfen. Tut uns den Gefallen. Wir treffen uns, wo ihr wollt und legen die Fahne in die Mitte, so dass wir wenigstens die Chance haben, unsere Fahne verteidigen zu können. Wir wollen das Teil nicht durch so einen feigen Diebstahl verlieren.' Die sagten, sie wollten sich beratschlagen und dann zurückrufen. Nach 45 Minuten riefen die wirklich bei uns und sagten: ‚Wir machen das nicht. Das sind nicht unsere Ideale.' Ach, dachten wir uns, was sind denn dann eure Ideale? Einbruch und Diebstahl? Tolle Ideale! Am nächsten Tag gab es erneut einen Anruf. Diesmal aber von einem Polizeibeamten. Der sagte nur kurz und knapp: ‚Wir beobachten euch, und wenn ihr was gegen die Kölner unternehmt, gibt es von uns Ärger.' Das macht wirklich Frust.

„Die Gauner aber werden gefürchtet, als wären sie mutig, weil sie durch die Macht des Truges dafür gehalten werden.“
(Giacomo Graf Leopardi)

Wir sind dann in Lethargie verfallen und es hat intern sehr viele Diskussionen gegeben. Wir wussten, dass nun alle Ultragruppierungen des Landes auf uns schauen. Wenn wir jetzt irgendetwas gegen dieses feige Diebsgesindel unternommen hätten, wüsste jeder, dass wir das initiiert hätten. Dazu kam, dass alle, wirklich alle, auf uns eingeredet haben, was wir nun ihrer Meinung nach zu tun hätten. Jeder hatte mindesten eintausend Vorschläge. Das reichte von Kuttenfanclubs über die Hools bis hin zum Fanprojekt. Jeder sagte uns, was wir tun und was wir lieber nicht tun sollten. Aber jeder erwartete eine Reaktion von uns. Das schaffte zusätzlich Druck. Viele, die keinen direkten Bezug zur Ultrabewegung hatten, verstanden auch gar nicht, warum wir uns nun aufgelöst hatten. Dazu kam auch noch, dass zeitweise unser ganzes Orga-System zusammengebrochen ist, weil wir uns in unserer Ratlosigkeit einfach nur noch besoffen haben. Wir haben dann noch eiligst eine Stellungnahme herausgegeben, die in ihrer Formulierung aus heutiger Sicht jedoch etwas unglücklich erscheint. Die darin enthaltenen Schuldzuweisungen waren wirklich nicht sehr galant. Heute würden wir das ganz anders handhaben.

Zusätzlich ging medial die Post ab. Alle Augen waren auf uns gerichtet. Die Kölner indes dichteten neue Lieder. So zum Beispiel ‚Bauer sucht Banner'. Die beschimpfen uns ja nun schon seit vielen Jahren als Bauern, nun sangen sie auch noch ‚Bauer sucht Banner'. Auch das wurde von der Presse dankbar aufgegriffen. Jeder drittklassige Dahergelaufene benutzte diesen hinterlistigen Diebstahl, um uns noch weiter in den Dreck zu treten, uns zu demütigen und um sich mit seinem schäbigen Charakter an unserem Leid zu ergötzen. Selbst die gut gemeinten Hilfestellungen innerhalb unserer Fanszene konnten unseren Gemütszustand nicht aufhellen. Von anderen Gladbachfans wurden Aufkleber angefertigt, auf denen zum Beispiel stand: ‚Dieb sucht Ehre'. Irgendwie schienen sich nun alle auf Kosten des Banner-Diebstahls profilieren wollten. Auf Kölner Seite ebenso wie auf Gladbacher. Wir wissen ja auch, dass die Anteilnahme innerhalb unserer Szene sehr aufrichtig war, aber eigentlich hat uns das damals alles nur noch mehr runtergezogen.

Unser nächstes Spiel nach diesem feigen Diebstahl war in Aachen, und es gab unter uns heftige Diskussionen, ob wir dort überhaupt einen Vorsänger stellen, und ob wir uns überhaupt an der Stimmung im Borussia-Fanblock beteiligen sollten. Natürlich war uns unter diesen Umständen überhaupt nicht nach Stimmung zumute. Im Stadion kam dann ständig jemand auf uns zu und redete auf uns ein. ‚Wie jetzt – ihr macht gar keine Stimmung, nur weil eure Fahne weg ist?' Damals hatten wir so etwas über 200 Mitglieder. Ein Teil der Leute stellte sich im Stadion von nun an in andere Blöcke. Andere kamen gar nicht mehr, um sich das Gequatsche der anderen Fans nicht anhören zu müssen. Wieder andere sind gleich am Bierstand stehen geblieben und haben darüber diskutiert, was zu tun sei. Oder was eben nicht zu tun sei. Es war das reinste Gefühlschaos.

Wir als Führungscrew der Ultras waren damals noch sehr jung, und es war bei all diesen äußeren Einflüssen sehr schwer, mit der Situation und dem damit verbundenen Druck klar zu kommen. Ein Handbuch oder eine Gebrauchsanweisung gibt es für derartige Fälle nicht.

Besonders bemerkenswert finden wir aber die Tatsache, dass sich beim nächsten Auswärtsspiel in Köln das ganze Stadion über uns lustig gemacht hat. Fast alle – vom Ultra bis zum Hool, vom Kuttenträger bis zum normalen Zuschauer auf den Sitzplätzen – haben gesungen: ‚Wir woll'n die Fahne sehen, wir woll'n die Fahne sehn …' Das war noch einmal eine extreme Demütigung. Und zwar von allen Kölnern. Selbst der stinknormale Fußballkonsument hat mit in dieses Lied eingestimmt. Es schien so, als fände ganz Köln Diebstahl und Einbruch lustig. Selbst die Zuschauer im Block neben uns haben mitgesungen. Es war unfassbar. Die absolute Krönung war aber, dass wir dabei zusehen mussten, wie auf der anderen Seite im Kölner Fan-Block unsere riesengroße Fahne hochgehalten und dann vor unseren Augen – und unter dem Beifall der normalen Zuschauer – in viele Teile zerrissen wurde.

„Die Dummheit ist meist der Bosheit Schwester."
(Sophokles)

Spätestens jetzt war der Punkt erreicht, an dem sich alle in unserer Fanszene mit uns solidarisiert haben. Plötzlich bestanden keine Gräben mehr innerhalb unserer Borussenszene. Sogar die friedfertigsten Gladbachfans waren nicht nur von dem feigen Diebstahl, sondern auch von dem asozialen Benehmen der normalen Kölner Zuschauer angeekelt.

Zu dieser Zeit wurde facebook in Deutschland immer bekannter. Durch einen Zufall haben wir dort gesehen, dass ein Kölner sich frech mit einem Stück unserer Fahne als Trophäe fotografiert hatte. Wie durch ein ‚kleines Wunder' haben wir die Telefonnummer dieses sogenannten Fans herausbekommen und dann bei ihm angerufen. ‚Guten Tag Herr X, hier spricht Hauptkommissar Y. Wir haben bei Ihnen auf facebook gesehen, dass Sie im Besitz von einem wichtigen Beweisstück sind. Bitte bringen Sie dies umgehend zum Polizeirevier, bevor Ihnen größere Konsequenzen drohen!' Und tatsächlich hat sich diese Kölner Intelligenzbestie auf den Weg zur Polizei gemacht. Wir haben gewartet und ihn auf dem Weg dahin ‚abgefangen'. Selbstverständlich gab es für diesen Otto dann ein paar saftige Ohrfeigen.

Nach der Auflösung von UMG beschlossen wir erst einmal, keine neue Gruppe zu gründen, sondern etwas völlig Neues zu machen. Deshalb wurde von uns der ‚Stimmungsblock' im Oberrang ins Leben gerufen. Den nannten wir dann Block 1900 und konnten den Dauerkartenverkauf für dieses Areal selbst steuern. Anfangs sind wir dort mit 150 Leuten gestartet und haben die Tickets für die, die es sich nicht leisten konnten, subventioniert. Gleichzeitig hofften wir, von oben mehr Stimmung in die Nordkurve tragen zu können. Wir dachten, wenn wir von da oben ‚runtersingen', würde das die ganze Kurve mitreißen. Zeitgleich gründeten sich neue Ultra-Gruppierungen, und wir als alte Führungsriege haben uns erst einmal bewusst zurückgehalten. Viele waren mit unserer Entscheidung aber nicht wirklich zufrieden und hofften, dass wir das Ganze wieder in die Hand nähmen. Doch wir wollten dieses Projekt erst einmal laufen lassen. Wir hofften, dass sich alle Gruppen frei entfalten würden, und dass dadurch unsere Szene noch vielfältiger, bunter und kreativer werden würde. Auch versuchten wir permanent, die Führungskräfte der verschiedensten Gruppen regelmäßig an einen Tisch zu holen. Dafür errichteten wir im Internet eine Plattform – den ‚Blockrat'. Hier war es nun möglich sich auszutauschen. Die aktiven Gruppen damals waren zum Beispiel Vitus Ultra, Projekt Chaos, Obsession, Grashoff-Jugend, Begleitservice, Banda Sud und die Leute aus dem Ruhrpott. Indessen stieg die Anzahl der Leute im Block 1900 innerhalb kürzester Zeit von 150 auf eine stattliche Anzahl von fast 500 Leuten an. Leider mussten wir uns aber nach und nach eingestehen, dass unsere Szene dadurch nicht vielfältiger und kreativer wurde, sondern dass immer mehr Reibereien und Kleinkriege entstanden. Es kristallisierte sich zusehends heraus, dass es im Sinne der Einigkeit besser wäre, wieder eine Gruppe zu haben, die alles koordiniert. Deshalb trafen wir uns als alte Führungsriege der UMG und beschlossen die Gründung von Sottocultura. Als wir dies in unsere Szene kommunizierten, haben sich uns sofort sehr viele angeschlossen. Nun hatten wir wieder eine führende Ultragruppierung, die innerhalb der riesigen Fanszene von Borussia mittlerweile auch wieder über eine hohe Akzeptanz verfügt.

Wir Ultras tragen dazu bei, dass unser Slogan ‚Keine Politik im Stadion' weiterhin gelebt wird. Wir sehen ja, was in anderen Stadien passiert ist. In den Städten, die dieses Thema nicht ernst genug genommen haben, regieren jetzt die verschiedensten Polit-Affen in den Kurven und degradieren ihr Stadion zu einem Parteitag. Aber die Kurve von den ständigen Infiltrierungsversuchen weitestgehend frei zu halten, ist wirklich schwere Arbeit. Alle Nase lang kommen irgendwelche Politik-Aktivisten ins Stadion, die sich einbilden, sie könnten unsere Fanszene für ihre Zwecke missbrauchen. Aber wir werden es nicht zulassen, dass uns irgendeine politische Ideologie unterwandert und dass unser Hobby Borussia Mönchengladbach von denen an die zweite Stelle gerückt wird. In unserer Szene gibt es nun einmal Griechen, Rumänen, Russen, Marokkaner, Polen, Schwarzafrikaner, und es spielt bei uns überhaupt keine Rolle, wo jemand herkommt, was für eine Hautfarbe er hat oder welcher Religion er angehört. Von daher brauchen wir auch keine Spinner, die uns sagen, dass wir die Leute, die wir schon seit Jahren integriert haben, nun integrieren sollen! Denen geht es nämlich eigentlich gar nicht um die Integration, sondern schlicht und ergreifend nur darum, ihre Ideologie verbreiten zu können.

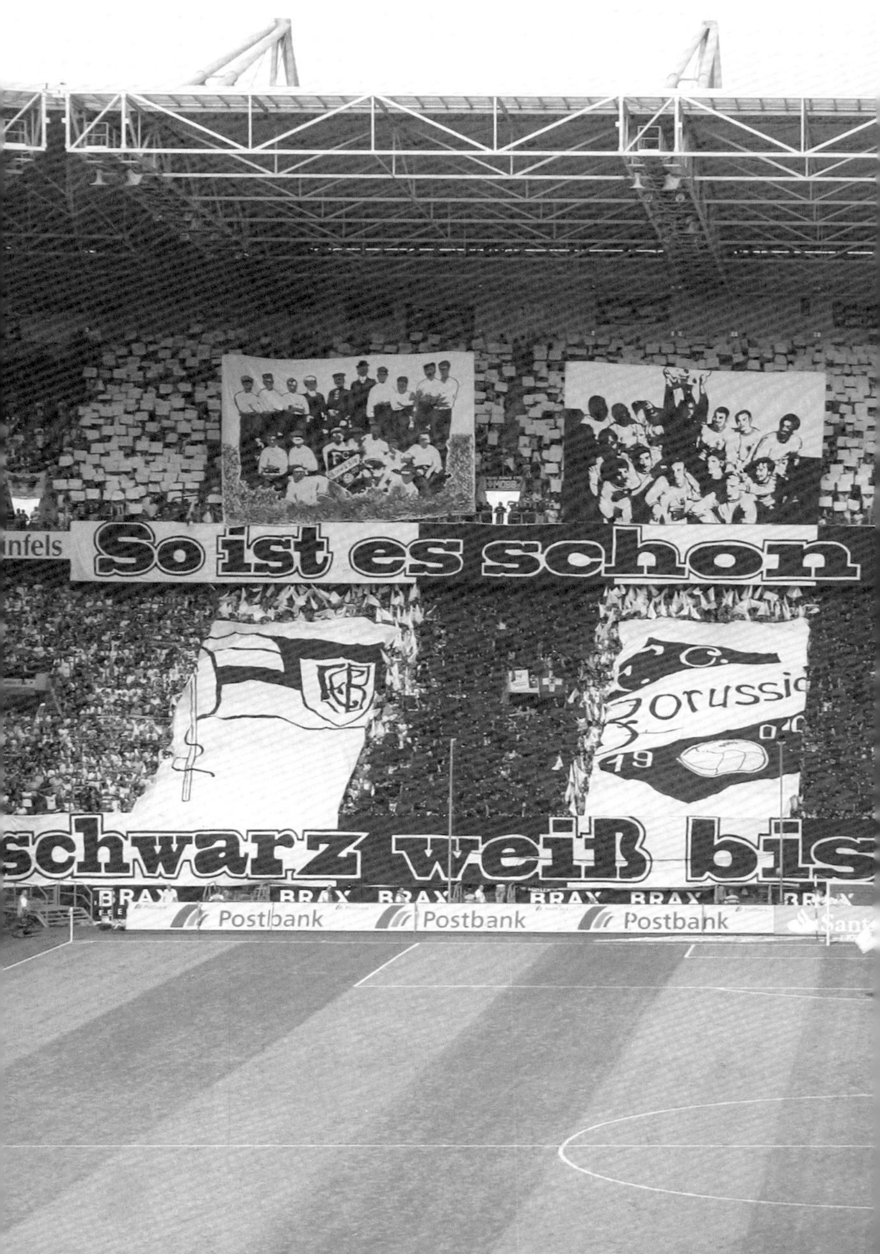

So ist es schon
schwarz weiß bis
Postbank
Postbank
Postbank

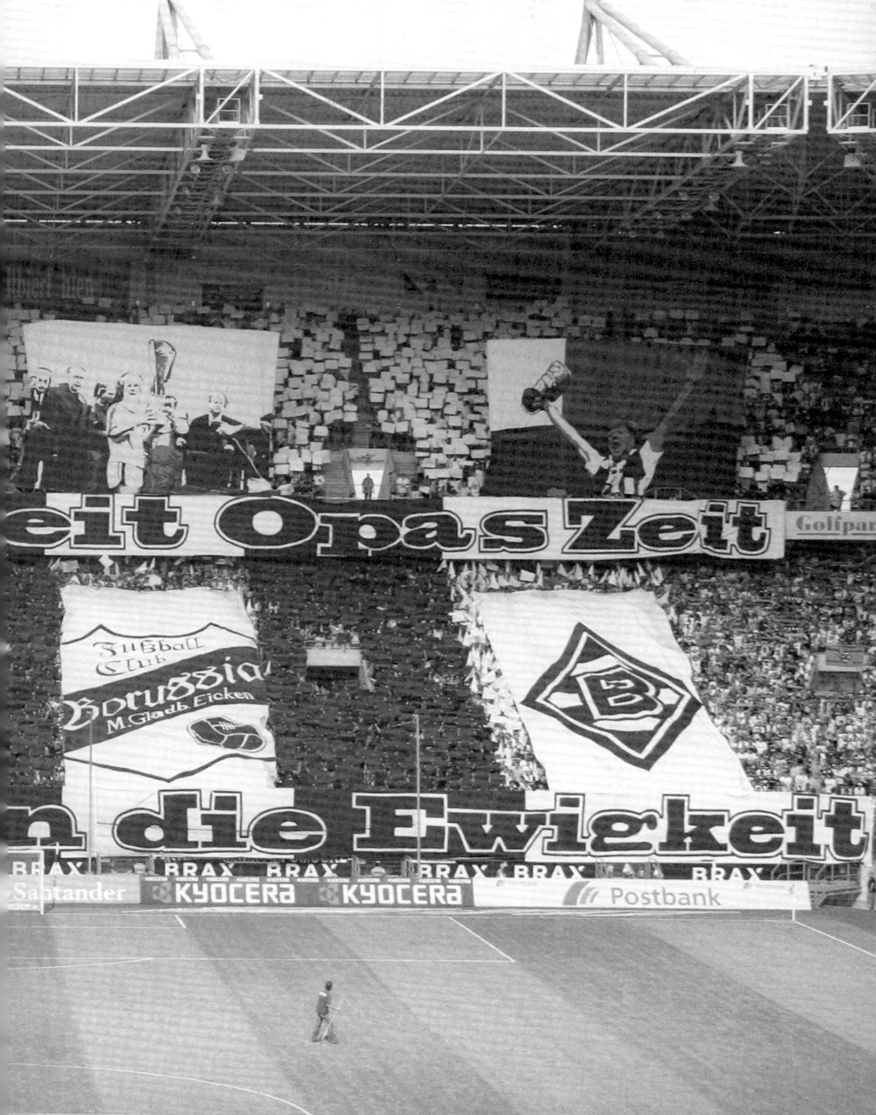
eit Opas Zeit
Fußball Club
Borussia
M.Gladb. Eicken
n die Ewigkeit
BRAX
Santander
KYOCERA
KYOCERA
Postbank

Einen weiteren Schub bekam unsere Ultrabewegung durch die Tatsache, dass der Grieche damals die Kneipe Kabuff aufgemacht hat. Das war von nun an ein zentraler Anlaufpunkt der gesamten Szene. Hier war jeder willkommen. Auch viele legendäre Partys dort haben zur Festigung des Zusammenhalts beigetragen. Dies hat sich zum Beispiel gezeigt, als wir das Kabuff zum Treffpunkt für einen Derbytag ausgerufen haben. Mehrere tausend Gladbachfans haben sich dort mit uns getroffen, um gemeinsam zum Bahnhof zu gehen. Als wir alle zusammen die Hindenburgstraße runtergelaufen sind, kamen sogar die Geschäftsinhaber aus ihren Läden heraus und haben geklatscht und uns aufgemuntert: ‚Los, feuert unser Mannschaft an, damit wir drei Punkte holen!' Seit dem feigen Fahnenklau stand die ganze Stadt hinter uns. Passanten am Straßenrand haben applaudiert, als wir runter zum Bahnhof marschiert sind. Die Anzahl der Leute war so dermaßen groß, dass, als die Spitze des Zuges am Minto war, die letzten immer noch oben am Parkhaus gegenüber vom Kabuff standen.

Mittlerweile sind unsere Choreos sehr aufwändig. Der finanzielle Einsatz reicht von mindesten 4.000 bis ca. 7.000 Euro. Dabei geht das meiste Geld für Folien und Pappen drauf. Die teuersten waren die Champions League-Choreos, die über 10.000 Euro gekostet haben. Die allerteuerste war gegen Kiew, für die wir über 13.000 Euro hinblätterten.

Das Entwerfen eines Motivs läuft aber immer noch in einem ganz kleinen Kreis ab. Wenn die Grundidee gefunden ist, wird sie am Laptop visualisiert. In ein Stadionbild wird mit Photoshop die geplante Choreo reingebastelt und geschaut, wie das eventuell gehen könnte. Für jeden einzelnen Sitz wird dabei festgelegt, welche Pappe drauf gelegt wird, und wie es dann im Gesamtbild aussehen könnte. Pappen-Choreos sind weniger aufwendig, weil wir da nur die Grafik erstellen müssen. Später brauchen wir dann bloß noch die Pappen im Stadion auf den Sitzen zu verteilen. Der nächste Schritt ist aber erstmal die Materialbeschaffung. Wie schon erwähnt, kostet das alles eine Menge Geld.

Viel aufwendiger sind die bemalten Folien. Hierfür müssen wir erst einmal ein Motiv entwerfen, welches dann auf DIN A3-Papier ausgedruckt wird. Dann wird das Bild in Raster von 1x1 Zentimeter große Kästchen unterteilt. Der Inhalt jedes einzelnen Rasterkästchens wird danach auf die große Folie in den Maßen 1x1 Meter übertragen. Das will gekonnt sein, und das machen höchstens vier Leute. Die laufen über die Folie und zeichnen das vor. Alle anderen gehen hinterher und malen nur aus. Das erfordert viele, viele Arbeitsstunden. Im Laufe der Jahre sind unsere Choreos immer größer und aufwändiger geworden. Die ersten hatten wir in der Nordkurve nur im Unterrang im Block 16. Das waren 25 x 30 Meter. Die größte, die wir bis jetzt hatten, war die nach dem Relegationssieg. Die war 30 x 90 Meter.

Leider hält sich noch immer dieses bösartige Gerücht, wir wären einmal mit einem alten Opel Astra auf ein Feld gefahren, um dort vom Bauern eine große Folie zu klauen. Das wäre heute gar nicht mehr machbar, denn man muss dem Sicherheitsbeauftragten des jeweiligen Vereins die Zertifikate von professionellen Herstellern solcher Folien vorlegen. Da muss drinstehen, dass das Zeug schwer entflammbar ist, und dass man es auch wirklich vom Hersteller gekauft hat. Welcher Bauer würde uns denn ein solches Zertifikat ausstellen, nachdem wir seine Plane geklaut haben?

Auch die Qualität unserer Choreos hat sich sehr stark verbessert. Zu Bökelbergzeiten ist uns immer mal wieder ein Schnitzer unterlaufen. Da hatten wir noch nicht so viel Erfahrung. Wenn wir uns da mal vermalt hatten, hieß es immer: Auf die Entfernung sieht man das eh nicht! Aber nun sind die Ansprüche gestiegen, und zwar sowohl die, die wir selbst an unsere Arbeit stellen, als auch die, die von außen an uns herangetragen werden. Deshalb haben wir uns ein paar Perfektionisten herangezogen, die das mit so einer Akribie machen, dass wir uns schon gar nicht mehr trauen, selbst etwas zu malen.

Die Schattenseite ist, dass uns wildfremde Leute ansprechen, wenn wir einmal keine Choreo machen: ‚Wie? Wieso macht ihr denn keine gegen Barça? Das geht doch nicht. Gegen Barcelona müsst ihr doch eine machen!'

Es hat auch Ewigkeiten gedauert, bis die Leute überhaupt verstanden haben, dass diese Choreos keineswegs von Borussia bezahlt werden. Wir wollen diese Dinge aber auch eigenständig finanzieren. Das ist uns sehr wichtig!!! Das Geld bekommen wir durch den Verkauf von Collagen, Aufklebern, Schals und T-Shirts zusammen. Bei besonders aufwändigen Choreos gehen dann auch schon mal Leute von uns durchs Stadion und sammeln. Man braucht sich ja nur einmal auszurechnen, was die Choreos eines ganzen Jahres kosten. Da kommen ja Summen zusammen … An dieser Stelle möchten wir ausdrücklich einmal die allgemeine Spendenbereitschaft der Gladbachfans loben. Sie unterstützen uns finanziell wirklich auf fantastische Art und Weise, so dass wir in der Lage sind, solche teuren und aufwändigen Choreos überhaupt zu realisieren. Außerdem würden wir Kevin gerne für den Posten des EU-Finanzministers vorschlagen. Der hat uns teilweise fast ‚kaputtgespart', aber als Finanzer ist er schon ziemlich fähig. Während es in anderen Clubs schon vorgekommen ist, dass Kassierer Geld unterschlagen haben oder damit durchgebrannt sind, haben wir einen taktisch sehr klugen Schachzug gemacht: wir haben einfach Kevin genommen, den, der eh schon die meiste Kohle hat. Für ihn würde es sich gar nicht lohnen, mit dem Geld durchzubrennen.

Oft wird uns auch vorgeworfen, wir würden durch den Verkauf von T-Shirts Kommerz betreiben. Das ist aber der größte Irrglaube schlechthin. Kommerz ist, wenn man etwas verkauft, um sich daran zu bereichern. Aber wir stecken alles wieder in unsere Choreografien. Jeder Cent wird zu 100 Prozent in unsere Aktionen investiert.

Bei den Choreos im gesamten Stadion ist das manchmal echt kompliziert. Nehmen wir mal die von der Champions League. Grundsätzlich will da auch die UEFA mitreden. Dabei hat es manchmal den Anschein, als ob es nur darum ginge, uns so viele Steine wie möglich in den Weg zu legen. Zuerst müssen wir das Ganze beim Sicherheitsbeauftragten des jeweiligen Vereins anmelden und es wird dann von höherer Stelle geprüft, ob das überhaupt ok ist. Gegen Sarajevo hat uns die UEFA auch schon mal eine verboten.

Verständlicherweise dürfen wir nicht jederzeit ins Stadion, um alles auszulegen. Schon gar nicht, wenn der Gastverein gerade trainiert. Wir könnten ja heimlich gucken, ob Messi einen Ball stoppen kann, und könnten das dann weitersagen. Wenn die Kurve zu internationalen Spielen bestuhlt wird, dürfen wir auch nicht rein. Eigentlich haben wir für die Vorbereitung im Stadion nur zwei Tage Zeit. Dann müssen wir aber zu Höchstleistungen auflaufen. Zeitweise helfen bis zu 100 Leute. Je später der Abend, desto stärker schrumpft die Zahl allmählich. Am Ende sind es dann manchmal nur noch 20 Helfer. Gegen Kiew waren wir bis 4.00 Uhr morgens im Stadion, und manche sind dann von da aus gleich auf Arbeit gegangen. Und nach der Arbeit gleich wieder ins Stadion. Aber eigentlich kann man das in Stunden nicht wirklich aufrechnen, weil eben noch so viel Kleinkram dazukommt. Manche sind nur damit beschäftigt, die Sitze mit Kreide zu markieren, damit dann die nächsten die Pappen dahin legen können. Dazu muss noch auf jeden Sitz ein Flyer gelegt werden, worauf ganz genau erklärt wird, wie alles ablaufen soll.

Mittlerweile wissen aber auch fast alle Gladbachfans, wie schön eine Choreo aussehen kann, und dass sie sich das später im Internet noch einmal anschauen und sich daran erfreuen können. Sie haben begriffen, dass es sich lohnt, wenn alle mitziehen. Als wir früher die Pappen verteilt haben, gab es viele, die sagten: ‚Was soll ich mit dem Scheiß?' Jetzt ist es eher so, dass die Leute dankbar sind, wenn es wieder eine schöne Choreo gibt. Manche rasten vor Freude fast aus. Einmal haben wir ein Band durch den Block gezogen, um eine klare Trennung zwischen den Farben zu haben. Als wir dann auf der einen Seite des Bandes die Farbe schwarz ausgeteilt haben, wurde auf der anderen Seite schon gemeckert, weil sie auch endlich ihre Pappen haben wollten. Die haben uns dann die Pappen förmlich aus der Hand gerissen. ‚Ich will auch eine, ich will auch eine!' Daran erkennt man, dass jetzt alle Stadionbesucher dazu beitragen wollen, ein schönes und imposantes Bild zu erzeugen. Viele freuen sich, wenn sie ein Teil des Ganzen sein können. Das ist echt eine tolle Entwicklung. Natürlich bekommen wir auch in der Nordkurve mit, wenn das ganze Stadion applaudiert, wenn es mal wieder gut gelungen ist.

Bei der 110-Jahre-Choreo ging aus dem ersten Bild ein zweites hervor. Als der Wechsel passierte, haben wir in der Nordkurve gehört, dass die Leute im ganzen Stadion enthusiastisch applaudiert und gejubelt haben. Erstmal bist du dann selber total geflasht, weil es gut hingehauen und megageil ausgesehen hat, und dann bekommst du zeitgleich noch dieses Feedback von den anderen Blöcken – das ist total großartig. Wir sehen dann, wie die Leute hastig ihre Handys rausholen, und wie es überall im ganzen Stadion blitzt, wenn sie fotografieren …

Zu unserer Geschichte gehört auch, dass wir uns im Rahmen von ‚Nordkurve aktiv' sozial engagieren. Das heißt im Klartext, dass wir zweimal im Jahr mindestens 1.900 Euro für gemeinnützige Zwecke spenden. Dieses Geld wird gezielt gespendet und an Einrichtungen gegeben, die auch wirklich dringend auf Spenden angewiesen sind.

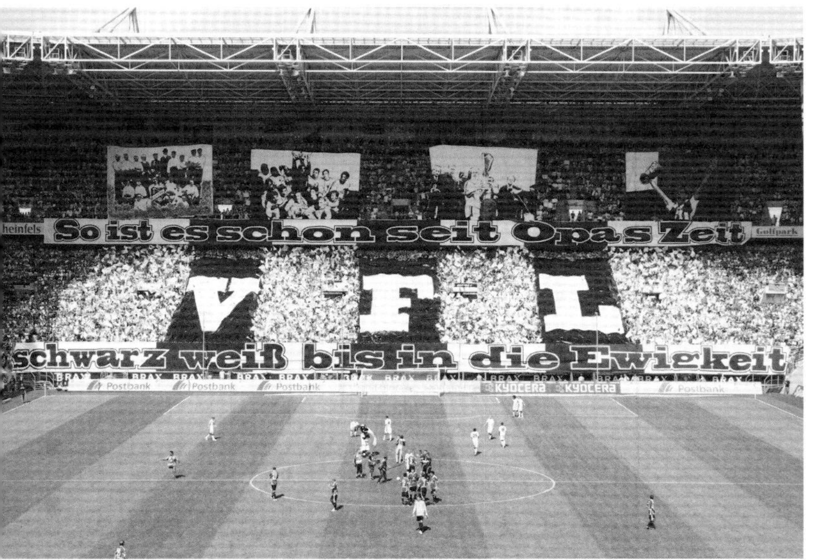

Wende-Choreografie in der Nordkurve zum 110. Vereinsjubiläum, gezeigt am 20. August 2010.

„Wer Dornen sät, darf sein Zelt nicht barfuß verlassen.“
(Spruch der Beduinen)

Der feige Diebstahl unserer Fahne hatte uns sehr hart getroffen, und wir haben sehr lange überlegt, wie wir denen das heimzahlen können. Die hatten uns richtig wehgetan, und nun wollten wir denen auch einmal wehtun. Wir wollten die Wut, die sich jahrelang angestaut hatte, einmal an der richtigen Adresse rauslassen. Wir wollten ein fettes Ausrufezeichen setzen.

Am Morgen vor dem Derby in Köln am 21. September 2014 haben wir uns sehr früh in MG getroffen. 77 Leute wollten den Kölner Fahnenklauern auf der Jahnwiese eine Lektion erteilen. Dafür ließen wir uns von Fahrern zeitig nach Köln bringen. Nachdem sie uns dort abgesetzt hatten, fuhren sie wieder zurück und gingen zum offiziellen Treffpunkt aller Fans. Die szenekundigen Beamten sollten keinen Verdacht schöpfen. Es sollte so unauffällig wie möglich sein. Wir in Köln haben uns dann sechs Stunden vor dem Anpfiff in einer Kneipe versteckt – zwei Haltestellen von der Kölner Fankurve entfernt. Wir wussten, dass die an diesem Tag eine Choreo vorbereiteten und deshalb schon relativ früh im Stadion waren. Schon als wir die Kneipe verließen und zur Straßenbahnhaltestelle gingen, wussten wir, dass es heute klappt. Jeder hatte ein gutes Gefühl. Wir waren sehr zuversichtlich. Man muss sich vorstellen: Das war ein Hochsicherheitsspiel und wir konnten uns trotzdem unbehelligt bewegen, ohne dass wir von der Polizei entdeckt wurden. Es war tatsächlich eigenartig, dass uns die Polizei auch nicht sah, als wir in der Nähe des Stadions ausgestiegen sind. Und das an einem Derbytag!? Dafür sahen uns aber andere, denn die Kölner Ultras hatten kleine Jungs auf Fahrrädern als Späher losgeschickt. Spätestens jetzt wussten sie also, dass wir kommen.

Schon von Weitem konnten wir hören, wie sie versuchten, sich gegenseitig durch Schreien hochzupushen. Als wir dann auf die Wiese hinter ihrem Block liefen, warteten sie bereits mit ca. 130 Leuten auf uns. Wir kamen immer näher. Dann blieben wir stehen. Einer unserer Jungs stellte sich vor uns und hielt eine kurze Ansprache. ‚Das ist der Tag, auf den wir so lange gewartet haben. Wer sich hier jetzt nicht grade macht, der braucht sich in Gladbach nicht mehr blicken zu lassen und kann sich einen anderen Verein suchen!‘ Alle waren bis in die Haarspitzen motiviert. Dann sind wir weiter gegangen. Immer weiter auf die zu. Das waren bestimmt noch 100 Meter. Die standen vor ihrer eigenen Kurve und riefen: ‚Kommt! Kommt! Kommt doch!‘ Tatsächlich schienen die auch motiviert zu sein, aber als wir immer näher kamen, sahen wir, dass einige, die in der ersten Reihe standen, plötzlich ganz dringend etwas ganz hinten zu tun hatten. Andere wurden dann nach vorne geschoben. Doch wir kamen unbeirrt weiter auf die zu.

Natürlich wären die Kölner nicht die Kölner, wenn es nicht erst einmal einen fetten Flaschenhagel für uns gegeben hätte. Mit sämtlichem Zeug haben die uns beworfen. Eh schon in der Überzahl, und trotzdem erstmal mit allem Möglichen schmeißen. Unfair, so wie wir sie eben schon seit Langem kennen. Einer von uns rief: ‚Lasst die ruhig werfen – gleich ist es soweit!‘ Dann waren wir da. Dann hat es geknallt. Und dann wurden die von uns am Derbytag vor ihrem Stadion in ihre eigene Kurve reingetreten. Und das bei einem Hochsicherheitsspiel. Wir waren die Hälfte von denen, und die haben uns noch mit sämtlichen Klamotten beworfen. Aber wir waren so dermaßen motiviert; wir hatten so lange auf diesen Tag gewartet … all die Hinterhältigkeiten, all die Unfairness von denen – an dem Tag konnte uns keiner aufhalten. Ein Kölner stand vor S. und wollte ihn mit einem Regenschirm verprügeln. S. schrie den Otto an: ‚Was, du willst mich mit dem Ding verhauen?‘ Dabei riss er ihm das Teil aus der Hand und schlug den Kölner mit seinem eigenen Regenschirm. Wir waren alle so voll mit Adrenalin … an jenem Tag hat es für die locker gereicht. Mehr Leute brauchten wir nicht. Als viele von denen gesehen haben, dass wir wirklich ernst machten und ihre Kumpels ein paar saftige Schellen kassierten, haben sie sich einfach ins Stadion ‚zurückgezogen‘. Andere würden sagen, die haben sich versteckt. Hinter ihrer eigenen Kurve. Unglaublich. Die haben sich dann im Stadion wieder mobilisiert und kamen mit Latten und Stangen wieder raus, die sie eigentlich für ihre Choreo gebraucht hätten. Wieder waren sie viel mehr und wieder haben sie mit Flaschen, Stangen und sonstigem Mist geworfen. Unfassbar. Dann kam die Polizei und hat uns festgenommen. Die Cops haben uns eingekesselt, und die Kölner sind dann mutig mit ihren Handys um uns herum geturnt und haben uns gefilmt. Dieselben Kölner, die kurz vorher ins Stadion geflüchtet waren, kamen nun wieder heraus und filmten uns, als wir von der Polizei eingekesselt waren. Stark! Das ist wirklich ein Zeichen von Charakterstärke.

Aber von uns ist keiner stiften gegangen, und als wir in den Knast gefahren wurden, waren wir immer noch vollzählig – 77 Mann. Keiner war überrascht, dass wir nun eingebuchtet wurden – im Gegenteil. Jeder war glücklich. Jedem stand die pure Freude im Gesicht, dass wir den Kölnern nun endlich einmal hatten erklären können, was wir von ihrem hinterhältigen Fahnenklau hielten. Wir waren alle total happy. Für uns war das eine Genugtuung.

Nach vielen Stunden in Polizeigewahrsam fuhren wir spät abends zurück nach Mönchengladbach. Als wir ankamen, hatten sich am Hauptbahnhof einige hundert Borussenfans eingefunden. Sie alle standen Spalier und klatschten Beifall. Minutenlang. Es war unglaublich! Diesen Augenblick wird wohl keiner jemals vergessen. Auch Tage danach kamen aus ganz Deutschland von anderen Ultragruppierungen Respektsbekundungen. Und es waren viele, sehr viele, weil es mittlerweile etliche gibt, die das unehrenhafte Verhalten einiger Kölner abstoßend finden.

Wir sind Borussia

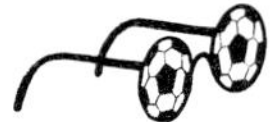

„Und wenn du noch so weit weg wohnst: Wenn du ein wahrer Borusse bist, führen dich all deine Wege letztendlich doch zum Bökelberg."
(Fiasko Delgado)

Es ist vielleicht für Außenstehende interessant zu erfahren, dass unsere Borussia auch sehr viele Fans in Köln hat. Ich traf mich mit Chilavert vom Fanclub Kölsche Borussen und Kress vom Fanclub Stiefelborussen, und ließ mir von ihnen berichten, wie sie die Liebe zu unserem Verein leben.

Chilavert wurde in Leverkusen geboren. Als er fünf Jahre alt war, spielte er mit seinen Freunden draußen Cowboy und Indianer. Plötzlich unterbrach sein Vater das Spiel: „Wir fahren jetzt zum Fußball. Verabschiede dich von deinen Freunden!" Doch der kleine Chilavert wurde bockig. „Nee, ich fahr nicht mit zum Fußball." Vater jedoch hatte die Eintrittskarten schon bestellt und nach längerem Hin und Her gab es rechts und links einen kleinen Klapps hinter die Ohren. Dann wurde das bockige Kind in den VW-Käfer gesetzt und ab ging es zum altehrwürdigen Bökelberg. Das war 1970, im ersten Meisterschaftsjahr unserer Borussia. Natürlich wurde der kleine Chilavert – der eigentlich Ralf Michael Fregien heißt – sofort mit dem Borussenvirus infiziert.

„Seitdem fahre ich jedes Spiel und als ich zwölf wurde, bin ich zum Entsetzen meiner Mutter auch alleine nach MG gefahren. Nach und nach habe ich immer mehr Galdbachfans aus Köln kennen gelernt, und später ist auch mein jüngerer Bruder mitgefahren.

Als Gladbach auswärts bei Dundee United gespielt hat, bin ich zwei Wochen vorher in die Schule eingebrochen, habe einen Vordruck für eine Klassenfahrt genommen und das Datum eingetragen. Dieses gefälschte Teil zeigte ich meiner Mutter und erzählte ihr, dass wir eine Klassenfahrt machen würden. Und die kostet nur 350 Mark! Von dem Geld habe ich mir ein Interrail-Ticket gekauft und mich in den Zug 20.01 Uhr von Köln nach Ostende gesetzt. Da war ich gerade einmal 14 Jahre alt. Als ich nach mehreren Tagen wieder nach Hause kam, wurde als erstes nur auf der nonverbalen

Ebene kommuniziert, und ich bekam erst einmal zwei saftige Ohrfeigen. Natürlich war der Schwindel aufgeflogen. Tags darauf beorderte mich der Schuldirektor in sein Zimmer. Sorgfältig schloss er die Tür hinter sich. Ich erwartete ein riesiges Donnerwetter, aber weit gefehlt. Er war sehr sportinteressiert, und ich musste ihm in allen Einzelheiten von der Fahrt erzählen. ‚Beim nächsten Mal sagst du mir aber Bescheid. Dann schließe ich dir die Tür auf, damit du nicht wieder mit dem Schraubenzieher rumhantieren musst.' Eine Strafe bekam ich natürlich trotzdem, ich musste drei Monate lang in den Pausen den Hof sauber machen. Aber ich war der Held der Schule.

Im Alter von 16 Jahren bin ich mit meinem Vater nach Paraguay gezogen. Daher kommt mein Spitzname, weil ich während eines Fußballspiels dem José Luis Félix Chilavert zwei Tore reingeknallt habe. Wenn unsere Borussia aber ein wichtiges Spiel hatte, bin ich aus Paraguay nach Deutschland zurückgeflogen. Deshalb war ich auch beim Pokalfinale 1984 mit dabei. Nach drei Jahren in Südamerika bin ich zurück nach Deutschland gezogen und habe eine Ausbildung zum Koch gemacht. Später habe ich ein eigenes Restaurant in Köln eröffnet und wohne nun schon sehr viele Jahre in der Domstadt. Mit anderen Borussiafans haben wir uns regelmäßig in einer Eckkneipe in Ehrenfeld getroffen. Da ich früher in mehreren Fanclubs unserer Borussia aktiv war (Celtic, Sturmtruppen und Tribühnenhocker), wollte ich mit den anderen Gladbachfans aus Köln zusammen auch wieder einen eigenen Fanclub gründen, nur mit Borussen aus Köln. Und so gründeten wir schließlich den Fanclub Kölsche Borussen. Cool, oder?"

Kress vom Fanclub Stiefelborussen lebte früher in Andernach. Auch er war schon immer Fan unserer Borussia. Als er im Alter von 15 Jahren im Jugendzentrum das Spiel Offenbach gegen Mönchengladbach schaute, erzählte ihm die Leiterin, dass ihr Mann auch Gladbachfan sei und zu jedem Spiel führe. „Klasse", entgegnete er, „da würde ich gern einmal mitfahren." Eines Samstags – er war gerade aus der Schule gekommen – klingelte das Telefon: „Iss der Kress da? Wir fahren gleich nach Gladbach!" Kress sagte zu seiner Mutter, dass er nicht am Mittagessen teilnehmen werde – und hat seitdem nie mehr an Spieltagen mit seiner Familie zusammen gegessen. Später musste er wegen seines Studiums nach Köln ziehen.

Und dort gab es schon viele Gladbachfans, die er aus der Nordkurve des Bökelbergs kannte.

Chilavert und Kress bekommen leuchtende Augen, wenn sie über die Aktivitäten unserer vielseitigen Fanszene sprechen, und beide schwärmen noch heute von der Deutschen Meisterschaft der Borussia-Fanclubs. Die wurde über viele Jahre vom Fanclub Polch ausgerichtet und war für beide manchmal „sogar ein bisschen schöner als so manche Bundesligabegegnung. Das war richtig geil. Ein ganzes Wochenende zusammen mit hunderten Gladbachfans feiern und singen. Nicht nur das Turnier an sich, sondern die drei Tage zelten waren cool. Die Partystimmung hat sich so einige Male bis aufs Spielfeld ausgebreitet. Es war vogelwild und ‚Schnulli' ist auf dem Spielfeld herumgekrochen und hat versucht, andere Spieler in die Wade zu beißen. Damals kamen auch noch regelmäßig Spieler unserer Borussia dorthin, um sich mit uns Fans zu unterhalten.

Doch wie bei anderen Fußballspielen auch, gab es gelegentlich Meinungsverschiedenheiten über die Auslegung der Regel. So auch im Halbfinale, als Eifelpower Polch gegen die Kölschen Borussen spielte. Als nämlich nach zähem Hin und Her die Kölschen Borussen das 1:0 schossen, rannte ihr Torwart bis zur Mittellinie, um den Torschützen zu beglückwünschen. Dies nutzten die Polcher zum Gegenschlag und führten den Anstoß schnell aus. Und weil der Torwart noch nicht wieder in seinem Kasten war, schoss ein Polcher aufs leere Tor. Doch ein Ersatzspieler stürmte auf das Grün und schoss den Ball ins Aus. Die Polcher waren außer sich und der Schiri entschied auf Strafstoß. Der Polcher Stürmer trat an – und der Torwart hielt. Nun war das Tohuwabohu perfekt. Alle rannten zum Torhüter und redeten auf ihn, ein er hätte doch die Kirsche aus Fairnessgründen reinlassen sollen. Auch die anderen Teams solidarisierten sich mit den Polchern. Es gab ein riesiges Gezeter und von Schreien und Schimpfen bis hin zur Androhung von Backpfeifen war alles dabei. Doch es endete wie bei allen anderen Festen der Gladbachfans: Am Ende des Tages standen alle gemeinsam an der Bierbude und feierten …"

Schon damals spielte Kress bei solchen Gelegenheiten gern Gitarre. Vor der Deutschen Meisterschaft 1995 hatte er mit unserem jetzigen Fanbeauftragten Tower zehn Lieder einstudiert.

„Ich will nicht Geld machen. Ich will wundervoll sein."
(Marilyn Monroe)

„Alte Gassenhauer, die unsere Fans immer in der Nordkurve gesungen haben. Dabei war unser Antrieb, dass die Musik für die Fans auch aus der eigenen Fanszene kommt. Mit Krachern wie ‚Marmor Stein und Eisen bricht' haben wir diese Partys gerockt und alle sind ausgerastet. Das war so ein Erfolg, dass wir mit anderen guten Musikern die Band B.O. gründeten. Kurze Zeit später gingen wir tatsächlich in ein Studio, um alles aufzunehmen, und brachten 1997 unsere erste CD heraus. Bereits ein knappes Jahr später wurden wir von Borussia eingeladen, um auf der Saisoneröffnung zu spielen. Plötzlich hat sich alles verselbstständigt. Wir wurden zusehends zu einer festen Institution innerhalb unserer Fanszene und spielten auf vielen Saisoneröffnungen und anderen Festen."

Wenn die Borussia in Köln spielt, treffen sich die Stiefelborussen bereits 11.00 Uhr in einer Kneipe, um dann gemeinsam durch den Stadtwald zum Stadion zu spazieren. Die Kölschen Borussen treffen sich an Derbytagen in Ehrenfeld. Hier kommen mittlerweile so viele Borussia-Fans zusammen, dass die Polizei rund um die Kneipe absperrt und mit einem Mannschaftswagen präsent ist. Extra nur für diese Fans stellt die KVB dann eine Sonderbahn zur Verfügung, um alle geschlossen zum Spiel ins Müngersdorfer Stadion zu fahren.

Beide Fanclubs sind auch regelmäßig bei Auswärtsspielen anzutreffen. Als die Kölschen Borussen einmal zum Auswärtsspiel nach Hamburg fuhren, lernten sie im Zug Frau Schulz kennen. Die war Schaffnerin und tat kund, dass dies ihre vorletzte Fahrt vor ihrer Rente sei. Sie schnappte sich das Megaphon eines Fans und machte eine Ansage, dass es *ihr* Zug sei, und dass sich in *ihrem* Zug gefälligst alle zu benehmen hätten. „Ansonsten gibt es Ärger!" Als sie ihre Ansprache beendet hatte, bat sie die Borussen, ein einziges Mal nur für sie eine Humba zu machen. Natürlich waren alle von solch einer lustigen Schaffnerin begeistert und taten ihr gern den Gefallen. Als tags darauf alle wieder aus Hamburg nach Hause fuhren, trafen sie Frau Schulz erneut im Zug. Diesmal war es ihre letzte Fahrt, und als sie ausstieg, warteten schon viele ihrer Kollegen auf dem Bahnsteig, um sie zu verabschieden.

Frau Schulz war jedoch von der Humba der Galdbachfans so angetan, dass sie alle darum bat, mit ihr und ihren Kollegen einen zu trinken. Tatsächlich unterbrachen alle ihre Heimreise und feierten zusammen mit Frau Schulz ihren Eintritt in die Rente. Im Jahr darauf fuhren wieder alle Kölschen Borussen zusammen nach Hamburg, und natürlich kontrollierte diesmal eine andere Schaffnerin die Fahrkarten. Als diese jedoch die vielen Borussen erblickte, sagte sie: „Ah, über euch weiß ich schon Bescheid. Ihr wollt euch doch am liebsten nur von Frau Schulz kontrollieren lassen." Am nächsten Tag auf der Rückfahrt stand Frau Schulz mit einem Korb voll Leckereien für die Kölschen Borussen am Bahnsteig, weil ihr die Schaffnerin erzählt hatte, dass die „netten Gladbacher" wieder auf der Durchreise seien.

„Als ich 13 Jahre alt war", erzählt Chilavert, „wechselte ich von einem kleinem Dorfverein zum damals stärksten Jugendverein in Köln. In jenem Verein spielte auch Holger. Er ist FC-Fan und gelegentlich hänselten wir uns. Er spöttelte, wenn unsere Borussia verloren hatte, und ich lästerte, wenn der FC vergeigt hatte. Aber nie bösartig, sondern eher freundschaftlich. Als wir älter wurden, schloss ich mich den Sturmtruppen in MG an; er der Red Army Cologne. Trotzdem trafen wir uns noch regelmäßig zum Bolzen und zum Bier. Zwar ruhte unsere Freundschaft, wenn der FC gegen Borussia spielte, aber wir schworen uns, dass wir uns niemals prügeln würden. Im Gegenteil – wir wollten uns als Freunde in gefährlichen Situationen helfen.

Dann kam ein Derby auf den Bökelberg. Die Kölner Fans versuchten, die Nordkurve zu stürmen, doch wir hielten dagegen. Die Kölner fielen und der Rest von denen rannte weg. Einige lagen am Boden, darunter mein Kumpel Holger. Ich half ihm aufzustehen, beschützte ihn vor den aufgebrachten Gladbachern und brachte ihn zum Bahnhof.

Zwei Jahre später war die FC-Szene total tot, und es fuhren nur ein paar unentwegte nach MG zum Derby. Auch an diesem Tag wurden die Ziegen von uns aufgespürt und gejagt. Nur einer von denen rannte nicht weg: Holger! Wie schon einmal geleitete ich ihn sicher zum Bahnhof, damit er keine Schläge bekam.

Nicht lange danach fuhr ich mit einigen Borussen zu einem Länderspiel. Auf dem Heimweg waren im Zug mehrere Kölner. Die wollten mir direkt aufs Maul hauen, doch diesmal stellte sich Holger schützend vor mich. Nun war es umgekehrt, und auch in dieser Situation hielt unsere Freundschaft. Viele Jahre, Jahrzehnte, hielten wir Kontakt. Dann verliebte er sich und heiratete. Seine Frau war Borussin und fuhr zu jedem Spiel der Fohlen. Er FC-Fan und sie Gladbacherin. Nach ein paar Jahren scheiterte die Ehe und Holger litt lange unter der Trennung. Ich dachte, ich müsste ihm als Freund doch beistehen, helfen, und ging deshalb zu seiner Ex. Wir redeten und redeten und redeten, doch ob sie je wieder bereit wäre, sich mit Holger zu versöhnen, blieb völlig unklar.

In jenen Tagen spielte unsere Borussia beim FC Villarreal, und ich fuhr mit meiner Frau Susanne dorthin. Wir suchten uns in der Nähe des Stadions eine kleine Kneipe. Nur für ein kleines Bierchen, das Übliche halt. Plötzlich flog ein Böller. Wir drehten uns um, und wer stand da? Holger mit seiner Frau! Sie waren wieder vereint, waren glücklich. Ohne was zu sagen, ging Holger an die Theke, holte für uns zwei große Bier und sagte nur ein einziges Wort zu mir: Danke!

Später, als Susanne an Krebs erkrankt war und schließlich viel zu früh starb, waren die beiden jede Minute für mich da. Ich konnte sie anrufen – egal um welche Uhrzeit – sie waren immer für mich da! Sie kamen auch zur Beerdigung, er in FC-Klamotten und sie im Borussenlook. Diese Freundschaft bedeutet mir sehr viel.

Wir sind bis heute Freunde. Fußball verbindet, oft bis zum Tod.“

„Treue ist ein selt’ner Gast. Halt ihn fest, wenn du ihn hast!“
(Sprichwort)

Nach dieser Geschichte bin ich tief berührt und ergriffen. Ich traue mich kaum noch, zu fragen, was der Mythos Borussia bedeutet – doch Chilavert antwortet gefasst:

„Der Mythos Borussia umfasst eigentlich viel mehr, als man mit Worten kurz beschreiben kann. Für mich bekam dies eine Bedeutung, als wir das erste Mal abgestiegen sind. Es war beeindruckend, wie viele Gladbacher unter dem Motto ‚Jetzt erst recht!‘ weiter zur Borussia gefahren sind. Vor allem an den unsäglichen Montagsspielen nahmen sie viele Unannehmlichkeiten in Kauf, nur um unseren geliebten Verein zu unterstützen. Entweder man ist Borusse oder man ist eben nur ein Event-Otto! Ihren Ursprung hat diese unverbrüchliche Liebe zum VfL vielleicht in den 1970er Jahren, als Grashoff nach MG kam, um die Borussia trotzig zu dem zu machen, was sie dann wurde. Vielleicht kommt daher auch meine Leidenschaft und dieses Gefühl, einer von Borussia zu sein; einer, der schon immer dabei war, egal ob es die erfolgreichen Siebziger, die guten Achtziger oder die grauenvollen Neunziger waren. Das alles verbindet uns und wird sich nie ändern. Wahrscheinlich hat es auch noch etwas mit den Menschen zu tun, die ich durch Borussia kennenlernte; die man liebt und bei denen man sich freut, sie jede Woche wieder zu treffen. Auf irgendeine wundersame Weise teilt man ein Stück seines Lebens mit ihnen. Mein Spruch ist immer: Man kann bis auf drei Sachen alles im Leben austauschen. Nicht seine Frau (wenn man sie liebt), nie seinen Verein und nie seine Freunde! Man kann Socken, Boxershorts, Autos – alles kann man austauschen, aber nie die ersten drei. Vielleicht könnte man das Wort Mythos auch mit den Wörtern Liebe, Zuneigung oder Verehrung gleichsetzen. Vielleicht ist es auch noch mehr, wer weiß das schon?! Ohne Borussia hätten wir uns wahrscheinlich auch nie kennen gelernt, Steffen. Ist das nicht vielleicht auch ein Mythos, oder?"

Auch Simon verbindet mit unserer Borussia mehr als nur 90 Minuten Fußball. Sein Schicksal zeigt, dass es in der Nordkurve Menschen gibt, die auch in schwierigen Zeiten zusammenhalten und sich gegenseitig unterstützen.

„Unsere Familie ist schon immer borussenverrückt gewesen. Unser Opa war sogar schon vor dem Krieg bei Borussia involviert. Auch mein Vater und mein älterer Bruder sind immer schon auf den Bökelberg gegangen und haben unsere Borussia unterstützt. Ich habe dann als kleiner Döpke am offenen Fenster gestanden und von der Ferne die Anfeuerungsrufe und Torschreie gehört, die der Wind bis zu uns nach Hause getragen hat. Das habe ich von Kindesbeinen aufgesogen und ich war begeistert, wenn ich sah, dass so viele Menschen zusammen ins Stadion gezogen sind.

Mein bester Freund damals war Daniel. Er ist Italiener und sein Vater hatte in der Postgasse ein Restaurant. Dort sind die Spieler manchmal essen gegangen. Matthäus, Borowka, Bernd Kraus, Frontzek … sie alle kehrten gelegentlich dort ein. Eines Tages saß ich mit Daniel dort und Matthäus und Borowka waren auch da. Ich war gerade einmal acht Jahre alt – die voll die Stars und wir die kleinen Scheißer.

Daniel hatte am nächsten Tag Geburtstag und Borowka, der zu dieser Zeit gerade verletzt war, sagte zu ihm, dass er ihn als Geburtstagsgeschenk mit zu einem Spiel nehmen würde. Mein Kumpel erwiderte: ‚Gerne, aber nur wenn mein Freund Simon auch mitgehen kann.' Und so kam ich das erste Mal auf den Bökelberg. Das war in der Saison 1984/85. Nach dem Spiel durften wir mit Borowka in die Kabine und haben von den Spielern Autogramme bekommen. Das war geil, und am Montag drauf war ich natürlich der King auf dem Schulhof. Nun wollte ich zu jedem Spiel da hin!

Damals durfte man noch zur zweiten Halbzeit kostenlos rein. Ich habe während der ersten Halbzeit in der Eickener Fußgängerzone Fußball gespielt und bin dann hoch zum Bökelberg, Borussia gucken. Natürlich wollte ich auch selbst in einem Verein spielen. Deshalb bin ich mit einem Anmeldeformular von Rot-Weiß Venn zu meinem Vater gegangen: ‚Hier, unterschreib mal bitte. Ich will auch in einem Verein spielen!' Mein Vater guckte mich fassungslos an. ‚Das ist doch nicht dein Ernst, oder?' Er nahm das Anmeldeformular und zerriss es vor meinen Augen. ‚Wenn mein Sohn Fußball spielt, dann nur bei der Borussia!' ‚Da bin ich doch bestimmt nicht gut genug', entgegnete ich. ‚Wer sagt denn das? Wir erkundigen uns, wann dein Jahrgang Training hat, und dann gehste da hin und sagst, dass du mittrainieren willst. Dann schauen wir mal.' Das war damals eigentlich nicht der übliche Weg, denn die Borussia hat sich die Jungs selbst geholt. Tja, und ich bin dann einfach trotzdem dahin gegangen und habe gefragt, ob ich mittrainieren kann. Der Trainer war etwas irritiert, ließ mich aber mitmachen. Und ab dann durfte ich immer kommen. Da war ich zwölf, und ein halbes Jahr später kam Basti Locster dazu. Allmählich bestand mein Freundeskreis nur noch aus Borussen, und der Verein bestimmte mein Leben. Als ich später mit dem aktiven Fußball aufhörte, bin ich aber weiterhin zur Borussia gegangen. Nordkurve, versteht sich!

Mein erstes Auswärtsspiel als Fan war Schalke. Das war an einem Wochentag. Ich war gerade mal 14 und habe meinen Eltern erzählt, dass ich mit Freunden auf einem Bauernhof grillen und zelten würde. Sie erlaubten mir auch, dort zu übernachten, und ich habe demonstrativ meine Tasche gepackt. Meine Mutter hat mir sogar noch Fleisch zum Grillen mitgegeben. Als wir nach dem Spiel bei einem Kumpel saßen, klingelte es an der Tür. Meine Mutter hatte auf dem Bauernhof angerufen und herausgefunden, wo ich wirklich war. Gemeinsam sind wir dann nachts nach Hause gegangen, und die Grillwürstchen waren immer noch in meiner Tasche.

Leider habe ich später noch sehr schwierige Zeiten durchmachen müssen. Es waren die Drogen, zu viele Drogen. Nach jahrelangem, innerem Kampf hatte ich mich schließlich entschlossen, eine Therapie zu machen. Es war nicht leicht, meinen Freunden, mit denen ich immer zur Borussia ging, zu sagen, dass ich nun diesen Weg gehen würde, dass ich mein Problem erkannt hätte und daran arbeiten wolle. Das waren schwere, tiefgehende Gespräche. Dann kam ich ins Krankenhaus und war von da an auf mich allein gestellt. Grübeln. Und ständig Gedanken, ob ich das überhaupt durchhalten würde. Schwere Zeiten. Doch dann haben mir die Jungs aus der Nordkurve ein Paket mit vielen schönen Sachen geschickt. Die wollten mich aufmuntern, mir den Rücken stärken. Ein sehr geiles Gefühl. Da kommt einfach so ein Paket, was mir sagt: Ey, da draußen sind Jungs, die hinter mir stehen! Die finden gut, dass ich das alles hier durchstehe! Die lassen mich nicht fallen!

Gladbach spielte gerade in der Champions League gegen Man City. Ich saß in der Therapie und war total abgefuckt. Traurig und einsam. Man kann gar nicht beschreiben, wie das ist: Wenn man sich Jahre, Jahrzehnte auf die Champions League gefreut hat, und dann, wenn die Träume wahr werden, nicht hingehen kann. Es war furchtbar. Alle meine Freunde waren im Borussiapark und ich saß allein vor dem Fernseher. Ich konnte nicht live dabei sein. Und während ich mir die Übertragung des Spiels im TV anschaute, sah ich plötzlich in der Nordkurve ein großes Banner mit der Aufschrift ‚Durchboxen Simon – wir stehen hinter dir!' Das war sehr ergreifend, unbeschreiblich! Da hab ich Gänsehaut gekriegt! Bei all der ganzen Euphorie in der CL und beim stressigen Vorbereiten der Choreo hatten mich die Jungs nicht vergessen! Sie haben noch an ihren Kumpel gedacht, der drin sitzt und eine schwierige Zeit durchmacht. Das hat mich wirklich noch einmal ermutigt!

„Reich sind nur die, die wahre Freunde haben."
(Thomas Fuller)

Letztendlich hat mir die Therapie geholfen und ich bin jetzt weg von dem Zeug. Als ich wieder raus kam, hat mich Basti Locster abgeholt. ‚Lass uns mal zusammen mit unseren Freundinnen schön essen gehen', hat er gesagt. Wie durch Zufall sind wir auf dem Weg zum Restaurant an der Base (unserem Treffpunkt) vorbeigefahren. Ich war da natürlich lange nicht drin gewesen und Basti fragte, ob wir nicht schnell mal reingehen wollen. ‚Vielleicht ist ja grade jemand da, dem du mal eben Hallo sagen kannst.' Als ich die Tür öffnete, standen da drin 50-60 Mann! Die hatten schon auf mich gewartet. Das war alles organisiert. Und sie haben alle applaudiert, als ich reinkam! Der Beifall war nur für mich … und weil ich das alles durchgestanden hatte!

Wenn du mich fragst, was Borussia für mich bedeutet, ist es viel mehr als nur der Fußball. Für mich ist es wie eine Familie. Spieler kommen und gehen – aber die Jungs, die sind immer da!

Diese Freunde haben Werte wie Ehrlichkeit, Kameradschaft, Loyalität und Zusammenhalt. Das hat mich geprägt, bis heute. Deshalb ist Borussia für mich eine Lebenseinstellung. Und deshalb bin ich denen auch so dankbar! Sie haben mir auf meinem schweren Weg geholfen und mich unterstützt. Wenn es darauf ankommt, dann hält Gladbach eben zusammen!"

„Wende dich stets der Sonne zu, dann
fallen die Schatten hinter dich."
(Chinesische Volksweisheit)

Während ich Simon zuhöre, erinnere ich mich daran, wie mir einmal eine sehr kluge, alte Frau gesagt hat, dass wir doch alle irgendwie Suchende sind. Jeder spürt doch wirklich diese tiefe Sehnsucht nach anderen Menschen in sich, denen er vertrauen kann und die einem in schweren Zeiten beistehen. Jeder möchte doch Freunde um sich haben, die ehrlich und treu sind. Wer würde sich denn schon gerne mit Leuten umgeben, die nur lügen und einen bei der kleinsten Schwierigkeit im Stich lassen? Was sollte es für einen Sinn haben, sich mit solchen Personen zu umgeben?

Ein Verein, wie Borussia Mönchengladbach immer noch einer ist, führt Menschen zusammen. Sie haben unterschiedliche Anschauungen, unterschiedliche Herkunft und unterschiedlichen Bildungsstand. Auch ihr Guthaben auf der Bank ist unterschiedlich. Aber sie alle treffen sich am Spieltag im Borussiapark. Und im Idealfall sollten diese Menschen sich auch gegenseitig helfen. In guten wie in schlechten Zeiten.

Boruss' bin ich und will es sein, so lang mein Auge sieht,
so lang mir noch ein Tropfen Blut durch meine Adern zieht.
Boruss' bin ich und sag's mit Stolz und schwör's mit Herz und Hand,
drum zieht sich auch um meine Brust das schwarz-weiß-schönste Band.
Wir sind ein einig Volk von Brüdern, Hipp hipp Hurra, Borussia!
Bekräft'jen wir es immer wieder, hurra, hurra, Borussia!

Wenn mich der Sorgen Last beschwert und Kummer mich beengt,
wenn böser Feinde Lug und Trug die Spielerlust verdrängt;
Schnell schwinden alle Sorgen hin, die Trauer ist verbannt,

heft' ich nur einmal meinen Blick aufs schwarz-weiß-schönste Band.
Wir sind ein einig Volk von Brüdern, Hipp hipp Hurra, Borussia!
Bekräft'jen wir es immer wieder, hurra hurra, Borussia !

(Altes Borussenlied anno 1920)

Jeder, der ihn kennt, weiß: Sven ist ein Unikat! Und das ist seine Geschichte:

„Ich bin im schönen Mönchengladbach aufgewachsen. Mein Vater hat mich das erste Mal 1989 mit auf den Bökelberg genommen. Wir haben auf der Haupttribüne gesessen und die Borussia hat 3:1 gewonnen. Gleich beim ersten Mal habe ich Borussia nicht nur kennen-, sondern auch lieben gelernt. Mitte der 1990er Jahre kam ich das erste Mal ins Fanprojekt. Damals war noch der sogenannte Fanladen am Eickener Markt. Dort bekam ich Kontakt zur aktiven Fanszene. Da ich noch nie ein Problem damit hatte, vor anderen laut zu singen, bin ich im Jahr 2000 das erste Mal auf den Zaun zwischen Block 15 und 16 geklettert und habe versucht, noch mehr Stimmung in die Nordkurve zu bringen. Anfangs nur mit der eigenen Stimme und später mit einem Megaphon. Ein paar Jahre lang war ich dann Vorsänger in der Nordkurve.

Für mich ist Borussia mehr als nur Sieg oder Niederlage, sondern viel mehr. Borussia bedeutet für mich Heimat, ein Stück Freiheit, Schmetterlinge im Bauch und vor allem viele Emotionen. Wenn wir gewinnen, kann ich mich lange darüber freuen, und über Niederlagen kann ich mich viele Tage ärgern. Borussia ist wie eine gute Beziehung, die mit den Jahren immer mehr wächst. Natürlich ist das Verhältnis jetzt anders als vor 15 Jahren. Jetzt kann ich auch einmal ein Spiel sausen lassen, ohne dass ich das Gesamte gleich in Frage stelle. Ich bin aber immer mit dem Herzen dabei. Immer. Vielleicht ist das ja auch das, was den Mythos Borussia ausmacht. Der hat wohl seinen Ursprung in den 1970er Jahren und viel mit den Erfolgen von damals und mit dem Bökelberg zu tun. Es hat wohl auch viel mit der Relegation gegen Bochum und mit Lucien Favre zu tun. Vor allem aber mit unserer gewachsenen Fanszene, die so bunt und vielseitig ist.

„Zu glauben ist schwer, nichts zu glauben ist unmöglich.“
(Victor Hugo)

Ich fühle mich auch schon immer mit der Kirche verbunden. Auch dort war ich sehr aktiv. Mitte der Neunziger wurde ich gefragt, ob ich in der Gemeinde bei der Kinder- und Jugendarbeit mitmachen möchte. Anfangs habe ich Freizeiten begleitet, und das ist dann – genau wie meine Liebe zur Borussia – immer mehr gewachsen. Nach meinem Abi 2001 habe ich in unserer Gemeinde Zivildienst geleistet und bekam im Anschluss eine halbe Stelle in der Kinder- und Jugendarbeit ageboten. Im Jahr 2003 habe ich begonnen, Theologie zu studieren. Doch da ich bereits eine halbe Stelle in der Gemeinde hatte, meine Frau schon kennengelernt hatte und sehr aktiv in der Fußballszene war, musste ich das leider abbrechen.

Anfangs war es für mich als junger Mann etwas schwierig herauszufinden, was mir wichtiger ist: Borussia oder mein Glaube. Tatsächlich ist das aber kein Widerspruch. Für mich ist es so ähnlich wie ein Säulendiagramm: eine Säule stellt zum Beispiel die Familie dar, eine andere die Gemeinde und wieder eine andere unsere Borussia. Und unter diesen Säulen – sozusagen als Fundament – ist mein Glaube an Jesus Christus. Daher ist es kein Problem, das alles miteinander zu verbinden. Als wir zum Beispiel in Fürth gespielt haben und für den Aufstieg dringend ein Unentschieden brauchten, bin ich während des Spiels hinter unseren Fanblock gegangen und habe zu Gott gebetet. Vielleicht klingt das ja etwas kitschig, aber es war wirklich so. Und: Wir haben tatsächlich 2:2 gespielt und sind aufgestiegen. Aber mindestens genauso sinnvoll ist es, für jemanden in unserer Fanszene zu beten, dem es mal nicht gut geht.

Aufgrund meines festen Glaubens gibt es Dinge, die für mich keinesfalls in Frage kommen. Gewalt zum Beispiel hat beim Fußball meiner Meinung nach nichts zu suchen. Es geht auch nicht, Menschen rassistisch zu beschimpfen. Es gibt Werte, die durch meinen Glauben gewachsen sind. Ehrlichkeit ist zum Beispiel Voraussetzung dafür, vernünftig miteinander umzugehen. Ich finde es wichtig, dass man bei Meinungsverschiedenheiten versucht, Brücken zu bauen, ohne andere auszugrenzen.

Natürlich habe ich später, nach meinem abgebrochenen Studium, noch eine Ausbildung gemacht. Jetzt arbeite ich als Religionspädagoge. Ich habe schon Gottesdienste abgehalten und von der Kanzel gepredigt. Ich darf sogar Trauungen durchführen. Und ich bin nicht der einzige Christ, der unserem Verein die Treue hält. Ich kenne noch andere Pfarrer und sogar Menschen aus dem Rat der Evangelischen Kirche Deutschlands, die Anhänger unserer Borussia sind.

Fußball gehört eben zum Leben dazu. Doch unsere Fanszene ist etwas ganz Besonderes, und das müssen wir uns bewahren. Es gibt im Moment viele Diskussionen, weil der Kommerz unseren Fußball kaputtmacht. Aber das allerschlimmste wäre, wenn wir uns selbst untereinander zerfleischen würden. Wir können nichts gegen solche Erscheinungen wie RB Leipzig und irrsinnig hohe Ablösesummen machen. Aber wir können füreinander da sein und uns in schwierigen Situationen gegenseitig unterstützen. Daher ist es ganz wichtig, dass wir unser gemeinsames Miteinander noch weiter ausbauen und vertiefen. Borussia ist für viele von uns wie eine Familie, und deshalb müssen wir versuchen, innerhalb und außerhalb der Nordkurve zwischenmenschliche Brücken zu bauen."

Einen sehr hohen Bekanntheitsgrad innerhalb Mönchengladbachs genießt Basti Locster. Sein Spitzname „Kurventätowierer“ lässt darauf schließen, dass er schon vielen Menschen im Umfeld von Borussia Farbe unter die Haut gestochen hat. Gerade an sommerlichen Tagen kann man seine Kunstwerke auf den Armen und Beinen der Fans in der Nordkurve bewundern. Da seine kleinen Kunstwerke immer präsent sind, möchte ich ihn an dieser Stelle auch zu Wort kommen und ihn seine (Lebens-)Geschichte erzählen lassen, die eng mit unserer Borussia verknüpft ist.

„Da ich von der C-Jugend bis zur A-Jugend bei Borussia gespielt habe, bin ich relativ früh mit dem Borussia-Virus infiziert worden. Damals gab es noch die sogenannten Vorspiele vor einem Bundesligaspiel, und ich durfte so einige Male vor den Profis auf dem Rasen spielen – total geil. Im Alter von 13 Jahren habe ich direkt vor der Nordkurve mal ein Flugkopfballtor gemacht. Die Fans, die da schon im Stadion waren, haben richtig gejubelt. Ich wusste gar nicht so richtig, was ich jetzt machen sollte und habe mich vor Verunsicherung gar nicht so richtig freuen können. Trotzdem kam ich mir schon wie ein Großer vor.

Da unsere Jugendmannschaft in dieser Besetzung viele Jahre zusammengeblieben ist, sind dabei coole Freundschaften entstanden. Wir waren wirklich ein richtiges Team, und auch in unserer Freizeit haben wir uns getroffen. Eine tolle Zeit und nicht so schnelllebig wie heute.

Bei einem Turnier in Nantes haben wir einmal gegen Ajax Amsterdam gespielt. Bei denen spielten Seedorf und Kleuvert mit. Wir haben eine 5:0 Klatsche gekriegt, und weil die uns so abgefiedelt haben, hatte ich einen megadicken Hals. Seedorf stand am Mittelkreis und mir war alles egal. Aus vollem Sprint bin ich ihm mit meinem Schienbein von hinten in die Waden gerätscht. Das hat den gar nicht interessiert, und er hat seelenruhig weitergespielt. Dafür taten aber mir die Schienbeine weh! Ich lag am Boden, krümmte mich vor Schmerzen, und der spielte einfach weiter! Erst viele Jahre später habe ich gerafft, dass ich da gegen einen Weltstar gespielt habe. Jedes Mal, wenn ich den im Fernsehen sah, dachte ich: Wie krass, gegen den hab ich auch mal gespielt!

Aber schon zu jener Zeit verspürte ich das tiefe Bedürfnis, kreativ zu sein und sprühte nachts zusammen mit einem Freund ganz groß ‚VfL' an eine Hauswand. Dann war es mit dem aktiven Fußball zu Ende, weil ich während der Ausbildung zum Automobilkaufmann nicht regelmäßig zum Training gehen konnte. Fünf Jahre lang habe ich Autos verkauft. Glücklich war ich mit diesem Job jedoch nicht, und in mir wuchs immer mehr der Wunsch, etwas Eigenes zu machen. An einem Samstag fuhr ich nach Amsterdam, um mir dort ein Beach Cruiser Fahrrad zu kaufen. Der Besitzer des Ladens war ziemlich cool. Ich unterhielt mich lange mit ihm und plötzlich sagte er, dass er jemanden sucht, der in Deutschland einen Laden aufmacht, um seine Fahrräder dort zu verkaufen. Schon am nächsten Tag fuhr ich durch ganz MG und suchte mir ein Ladenlokal. Am Aretzplätzken fand ich eins … und am Mittwoch habe ich in meiner Firma gekündigt. Mein Chef fiel aus allen Wolken. ‚Wat? Du willst dich selbstständig machen um Fahrräder zu verkaufen? Du hast se doch nit mi all!' ‚Doch, ich muss dat machen …!'

„Halte dich fern von denjenigen, die versuchen, deinen Ehrgeiz herabzusetzen. Kleingeister tun das immer, aber die wirklich Großen geben dir das Gefühl, dass auch du selbst groß werden kannst."
(Mark Twain)

Seit ich damals nachts den Schriftzug ‚VfL' an die Hauswand gesprüht hatte, verbesserte ich permanent meine Fähigkeiten als Sprayer. Zusammen mit meinen Kumpel Simon, mit dem ich bei Borussia spielte, ging ich nachts raus und trainierte. Vor allem an fremden Häusern und Autobahnbrücken. Und fast immer auch legal. Daher war es für mich selbstverständlich, in meinem Laden auch Sprühdosen zu verkaufen. Eines Tages kam Nils von den Ultras in mein Geschäft und bestellte hunderte Dosen für ihre Choreo bei mir. Das war mein erster Kontakt zu unseren Ultras.

Tatsächlich war bei mir der Übergang vom Graffiti zum Tätowieren fließend, denn ich hatte während meiner Zeit als Sprayer auch schon viele Vorlagen für Tattoos gezeichnet. Irgendwie war es eine logische Konsequenz, dass ich es selbst einmal ausprobierte. Ich kaufte mir eine Tattoomaschine und übte auf einer Schweinehaut, die ich mir vom Metzger um die Ecke besorgte. Dann überschlugen sich die Ereignisse. Einer der ersten, die sich von mir hacken ließen, war der Büffel von den Ultras. Der empfahl mich dann weiter, und so ergab es sich, dass nun fast jeden Abend jemand bei mir zu Hause saß, um sich von mir anmalen zu lassen.

Da ich schon immer die Sachen, die ich mache, gut machen wollte, ging ich zeitgleich in einem Tattoo-Studio in die ‚Lehre'. Ich wollte es von der Pike auf lernen und dieses Handwerk perfekt beherrschen. Es geht schließlich nicht, einem Kunden zehn Bildchen auf seinen Körper zu hämmern und dann mal zu schauen, ob vielleicht zufällig eins davon cool aussieht. Ich möchte all meine Arbeiten so ausführen, dass ich sie auch selbst tragen würde. Meine Ausbildung in diesem Studio dauerte fünf Jahre, bis ich schließlich am 3. September 2016 meinen eigenen Laden aufmachen konnte. Das war ein großer Meilenstein. Ab diesem Tag kam nicht mehr nur der harte Kern der Borussia-Szene zu mir, auch Gladbachfans von außerhalb wollten sich ihre Borussia-Tattoos nur noch von mir stechen lassen. Von den Jungs von Sottocultura aus MG bis zu den Borussen aus Flensburg vertrauten alle meiner Kreativität und meinem handwerklichen Geschick. Ganz oft bekomme ich Rückmeldung von Fans, dass sie es klasse finden, dass ‚wir in der Nordkurve' jetzt einen eigenen Tätowierer haben. Viele sprechen mich auch im Stadion an: ‚Du hast doch dem Fridolin das und das gemacht – könntest du mir so was ähnliches machen?'

Es kamen auch schon Leute zu mir, deren kompletten Unterschenkel ich mit Motiven von Borussia und der Stadt Mönchengladbach verzieren sollte. In solche Arbeiten kann ich mein ganzes Herzblut reinlegen. Dann entwerfe ich eine Komposition aus dem alten Wappen, den Flutlichtmasten vom Bökelberg und dazu noch die verschiedensten Schriften. In diesen kreativen Arbeiten gehe ich voll auf. Das erfüllt mich. Das ist meine Kunst. Das ist mein Leben.

Ein Tattoo ist eine hunderprozentige Aussage. Da steht man voll dahinter. Das ist eine Lebenseinstellung, und es bleibt für immer. Es ist schon krass, dass so viele Fans einen Teil ihrer Haut unserer Borussia oder auch der Stadt MG widmen. Das ist ihr Lebensmittelpunkt und das wollen sie zeigen. Dann lassen sie sich von mir den Wasserturm oder das Münster stechen und dazu die Raute. Ich finde es gut, wenn Leute für etwas einstehen. Wenn sie stolz darauf sind, aus Mönchengladbach zu kommen und stolz darauf, Borusse zu sein.

Es gibt aber auch Arbeiten, die ich nicht machen würde. Köln oder BVB zum Beispiel. Als ich noch in dem anderen Studio arbeitete, habe ich das von Anfang an gesagt. Eines Tages kam ein Kunde zur Vorbesprechung und wollte etwas mit dem FC Köln. Ich sagte ihm, dass ich ihm ein allgemeines Fußball-Tattoo machen würde, aber keins, auf dem FC Köln draufsteht. Zum verabredeten Termin kam er mit einer Vorlage, auf der ‚Cologne 1948' stand. Ich wünschte ihm noch einen schönen Tag und verabschiedete mich höflich … und seine Anzahlung war weg. Tschö! Der Besitzer des Ladens war irritiert: ‚Du machst doch Fußball-Tattoos?' ‚Nee, ich mache keine Fußball-Tattoos – ich mache Borussia-Tattoos. Das ist ein riesiger Unterschied!'

Jetzt lebe ich meinen Traum mit meinem eigenen Laden, und ich finde, dass es etwas Besonderes ist, wenn ein Mann sich selbst etwas aufbauen kann. Ehrliche Arbeit ist viel besser, als durch irgendeinen Trick oder durch Spekulationen viel Kohle zu machen. Selbst wenn ich im Lotto gewinnen würde, würde ich weiter tätowieren. Und weiter zu unserer Borussia gehen. Vor den Heimspielen die Jungs an der Base treffen und mit einer Milliarde Fans reden. Das sind immer coole Tage. Einfach nur zusammen bei Borussia sein, das ist jedes Mal aufs Neue total geil! Wie eine große Familie."

Herr Aö ist ein hochrangiger Angestellter bei Borussia und allenthalben für seine gepflegten Umgangsformen bekannt. Ein gebildeter Mann mit guter Kinderstube. Abgeschlossenes Studium. Sinnvolle Freizeitgestaltung. Eines seiner Hobbys ist die Natur im weitesten Sinne, und so manche freie Stunde verbrachte er schon auf einem Hochsitz. Auch an jenem Samstag erklomm er in aller Frühe leise die Leiter eines Förstersitzes, um von oben Rehe und Füchse in freier Natur beobachten zu können. Allein, es zeigten sich keine Rehe. Füchse auch nicht. Stattdessen sah er von rechts 30 junge Männer kommen. Alle hatten weiße T-Shirts an. Zu seiner Verwunderung näherten sich von links auch 30 junge Männer. Doch denen hatte die Mutti ein rotes T-Shirt zum Anziehen gegeben. Beide Gruppen rannten nun aufeinander los. Herr Aö saß noch immer regungslos auf dem Hochsitz. Unter ihm ging die Luzi ab. Dann rannten die Roten weg und die Weißen feierten sich als Sieger.

So wurde Herr Aö ungewollt Zeuge eines Acker-Matches zwischen den weißen Gladbachern und den roten Oberhausenern. Noch heute erzählt man sich belustigt innerhalb unserer Fanszene, dass Herr Aö nicht nur ein leitender Angestellter bei unserer Borussia ist, sondern dass er auch die Acker- Matches unserer Hooligans beaufsichtigt.

Na, wenn das keine drollige Geschichte ist, weiß ich's auch nicht.

Bei den Recherchen für dieses Buch habe ich viele Menschen getroffen. So viele, dass die erzählten Geschichten mindestens für drei weitere Bücher reichen würden. Doch Dominic hat aufgrund seiner Lebensgeschichte eine ganz besondere Einstellung zu unserer Borussia:

„Meine Eltern haben sich in meiner frühesten Kindheit getrennt. Dann wohnte ich bei einem Pflegevater. Danach wurde ich in ein Heim gegeben und dann wieder in eine Familienwohngruppe. Ich hatte nie ein richtiges Zuhause und kannte auch nicht dieses Gefühl, irgendwo hinzugehören. Das alles zu verarbeiten, war für mich wohl gar nicht so einfach. Die einzige Konstante in meinem Leben war – und ist – unsere Borussia. Sie gab mir die Möglichkeit, aus dem Alltagsleben zu entfliehen. Eigentlich habe ich immer nur von Wochenende zu Wochenende gedacht. Von Spieltag zu Spieltag. Von Borussia zu Borussia. In der Schule habe ich im Alter von elf Jahren im Kunstunterricht einen ganzen Malblock voll Trikots entworfen und dann zur Borussia geschickt. Dabei hatte ich das Gefühl, ich muss das machen, um unsere Borussia zu unterstützen. Für mich gab es nur Borussia, es gab nichts Wichtigeres. Es ist sehr schwer zu beschreiben, was ich für Gefühle hatte, wenn ich auf den Bökelberg zum Spiel gegangen bin. All den ganzen Mist, den ich während der Woche erlebt hatte, konnte ich dort hinter mir lassen. In der Nordkurve konnte ich alles vergessen. Jedes Mal wenn ich im Block 17 stand, bekam ich Gänsehaut. Hier war ich zu Hause! Hier gab es nette Leute! Immer! Hier war meine Zuflucht, es war wie eine Familie. Normale Leute können sich nicht vorstellen, was dieser Verein für mich bedeutet.

„Wenn die Wurzeln tief sind, braucht man
den Wind nicht zu fürchten.“
(Chinesisches Sprichwort)

Bei jedem Spiel war ich total ergriffen – auch wenn es nur gegen Greuther Fürth oder Fortuna Köln ging. Eigentlich hätte ich bei diesen Spielen gar nicht dabei sein dürfen, weil mein Wohngruppenleiter das nicht erlaubte. Da bin ich eben heimlich zur Borussia gegangen. Ich brauchte das zum Leben, und das ist bis heute so.

Mittlerweile stehe ich voll im Leben. Ich habe zwei Kinder, ich habe Arbeit, und wir haben uns ein Haus gekauft. Alles ist gut – aber unsere Borussia, die brauche ich weiterhin. Sie gehört dazu. Mir ist nicht mehr so wichtig, welcher Spieler kommt und welcher geht, aber ich bin unserer Borussia einfach nur dankbar, dass es sie gibt. Sie hat mir ein Stück Heimat, eine Vertrautheit und eine gewisse Sicherheit gegeben. Es ist eben meine Borussia!“

Viele von uns kennen ihn. Schließlich ist er ja auch schon fast ein Vierteljahrhundert bei Borussia anzutreffen. Wie sagt der gepflegte Gladbacher: Hörrens zo, wat dä zu verzellen hät!

„1989 bin ich im Alter von sechs Jahren das erste Mal mit meinem Onkel zum Bökelberg gegangen und es hat mich sofort gepackt. Ab 1994 stand ich bei jedem Heimspiel in der Nordkurve. Wenn ich mal kein Geld hatte, habe ich mich durch die Gärten hinter der Südkurve reingeschlichen. Manchmal, wenn ein Spiel ausverkauft war, habe ich mir eine Karte für das nächste Heimspiel gekauft. Die Ordner haben nur darauf geachtet, dass da Block 16 draufstand und völlig übersehen, dass das Ticket für ein anderes Spiel war. Oft habe ich mich auch in den Fanprojektbus gesetzt, wenn der ins Stadion gefahren ist, und mich so hineingemogelt. Seit dem Jahr 1996 habe ich jedoch eine Dauerkarte. Durchgehend. Bis jetzt.

Besonders stolz bin ich darauf, dass ich beim bislang letzten Titelgewinn dabei sein konnte. 1995 bin ich mit meinem Onkel und meiner Tante zum Pokalendspiel gefahren. Ganz Berlin war voller Borussen. Anstatt bei meinen Verwandten sitzenzubleiben, bin ich in den Block der Fans geklettert. Nach dem Abpfiff habe ich mich bis auf die Tribüne durchgedrängelt. Da stand ich nun als Zwölfjähriger und habe den Spielern auf die Schultern geklopft, als sie die Treppen zur Siegerehrung hochgegangen sind. Erst spät in der Nacht sind wir aus Berlin wieder zurück nach MG gefahren. Ich war total müde und bin gleich eingeschlafen. Der Fahrer unseres Busses leider auch, so dass wir von der Fahrbahn abkamen. Ich wurde gerade wieder wach, als unser Neunsitzer auf einem großen Feld zum Stillstand kam. Wir mussten den Rest der Nacht in einem Dorf verbringen und konnten erst am nächsten Tag zur Siegesfeier weiterfahren. Schon als wir an Düsseldorf vorbeifuhren, war überall Stau. Tausende, Zehntausende wollten nach MG, um die Pokalhelden zu feiern. Überall sind die Menschen aus ihren Autos ausgestiegen und haben auf der Autobahn getanzt. Alles war schwarz-weiß-grün. Alles. Überall. Alle sind herumgesprungen und haben Fahnen geschwenkt. Als wir mit Müh und Not in Gladbach ankamen, waren alle Straßen verstopft, völlig überfüllt, wie ein einziger riesiger Karnevalsumzug durch die gesamte Stadt. Alles voller Fans. Man konnte im Gedränge kaum durch die Stadt gehen, auch jede Kneipe war überlaufen, ganz Gladbach war im Ausnahmezustand. Überall sangen die Menschen Borussenlieder und der Jubel kannte keine Grenzen. Diese Freude und Euphorie all der Menschen zu sehen war erhebend.

Schon als kleiner Junge war ich der Meinung, dass ich meine Borussia auch auswärts unterstützen muss. Auch international. Deshalb habe ich mir 1996 für das Auswärtsspiel in Monaco ein Attest vom Arzt geholt und bin mit einem Fan-Bus nach Frankreich gefahren. Eine Tour von über 16 Stunden. Am frühen Morgen hat mich einer von den Hools geweckt und gefragt, was ich jetzt für ein Fach hätte, wenn ich gerade in der Schule wäre. Die Älteren hatten die ganze Nacht durchgesoffen und deshalb nur Unsinn im Kopf. Bis nach Monaco haben die dann mit mir Englisch gemacht. Nur beknackte Wörter. Leider sind wir dort ausgeschieden, aber nach dem Spiel kamen die Fans von Monaco an den Zaun und haben ihre Schals zu uns herübergeschmissen, weil sie unseren Support so cool fanden – und die Gladbacher haben dann ihre Schals zurückgeworfen.

Als ich ein paar Tage später wieder in die Schule ging, erkundigte sich mein Lehrer noch einmal bei mir, warum ich nicht beim Unterricht war. Brav zeigte ich ihm das Attest und alles war gut. An dem Tag wollten wir uns mit der Klasse einen Film anschauen. Der Videotisch wurde hereingerollt und als erstes sahen wir: eine Großaufnahme von mir aus Monaco. Das hatte jemand im TV aufgenommen. Nun begann ein riesiges Palaver! Weil ich gelogen hatte, wollten die mich von der Schule schmeißen und den Arzt wollten sie auch gleich noch verklagen … ach herrje, was tut man nicht alles bereits in jungen Jahren für seinen Lieblingsverein.

Sogar als wir in der 2. Liga spielten, habe ich jedes Spiel live gesehen. Zu Hause und auswärts, ich habe nicht eines verpasst. Der Abstieg hatte mich emotional sehr mitgenommen und die Leistungen unserer Angestellten auf dem Rasen in den ersten Spielen der Zweitligasaison trugen auch nicht wesentlich zur Verbesserung meiner Stimmung bei. Wir hatten gerade eine 0:4-Klatsche in Mannheim kassiert und standen am 10. Spieltag auf Platz 10. Das war ziemlich deprimierend. Eigentlich wollten wir doch wieder aufsteigen!? Und dann kam im Pokal Kaiserslautern. Wir befürchteten das Schlimmste. Die letzten Auftritte unserer Mannschaft hatten keineswegs Hoffnungen auf ein Weiterkommen gemacht. Frust. Aber was konnte man tun? Die haben so scheiße gespielt, dass wir das Gefühl hatten, es sei den Spielern egal, ob sie unsere heilige Borussia gegen die Wand fahren! Kennt nicht jeder Fan dieses Gefühl der Ohnmacht? Doch, das kennt jeder! Im Block zu stehen und hilflos zusehen zu müssen, wie man sich in Mannheim abschlachten lässt: ein furchtbares Gefühl. Auch die Spiele davor waren schon grottenschlecht. Naja, und dann sind wir (Anmerkung des Autors: „wir" sind David und der Autor höchstselbst) halt in der Nacht vor dem Pokalspiel in den Bökelberg eingestiegen und haben in riesengroßen Buchstaben eine Botschaft für unsere Spieler an die Wand gesprüht: ‚Reißt euch den Arsch auf für Borussia – sonst reißen wir euch euren auf!' Am nächsten Tag saßen wir im Fanladen und ließen uns erzählen, dass es oben bei Borussia einen riesengroßen Aufruhr deswegen gegeben hätte und man fieberhaft nach den Tätern suchte. Was soll man sagen? Die Borussia beendete die Negativserie und fegte den FCK mit 5:1 vom Platz. Und am Ende der Saison sind wir dann doch noch aufgestiegen.

Mittlerweile war ich von Dülken nach Eicken gezogen. Ich war bis dahin sowieso jeden Tag in MG gewesen. Von klein auf war ich schon sehr selbstständig und immer viel auf den Straßen unterwegs. Auch abends hab ich mich lange herumgetrieben. So stand es auch auf meiner großen Fahne: ‚David on tour!' Ein richtiger kleiner Rumtreiber eben, aber ich wollte immer in der Nähe von meiner Borussia sein. Aufgrund meiner Hartnäckigkeit bekam ich schließlich im Alter von 17 Jahren eine kleine Wohnung in Eicken. Nun wohnte ich endlich in der Nähe vom Bökelberg. Das war auch die Zeit, in der ich mich monatelang nur von trockenen Nudeln ernährt habe, um Geld zu sparen, um zu den Auswärtsspielen fahren zu können. Selbst mein Nintendo und alles, was ich sonst noch hatte, habe ich verkauft. Mein Leben drehte sich nur um Borussia, alles andere wurde hinten angestellt. Auch die Schule. Dabei hatte ich in allen Fächern Einsen und Zweien – nur in Englisch hatte ich eine Sechs. Wahrscheinlich hätte ich da auch eine gute Note haben können, aber leider war Englisch immer montags. Auch die Nachschreibetermine waren immer montags. Und da spielte die Borussia. Dank des Fernsehens wurde unsere heilige Borussia während ihrer Zugehörigkeit zur 2. Liga sehr, sehr oft auf einen Montag terminiert. Tja, und da konnte ich halt nicht zum Englisch gehen.

Die Freude, in der Nähe vom Stadion zu wohnen, währte nicht sehr lange, denn bekanntlich fand das letzte Spiel dort 2004 statt. Das machte mich echt traurig. Noch Wochen nach dem letzten Schlusspfiff bin ich mehrmals nachts in den heiligen Bökelberg reingeklettert. Ich wollte es einfach nicht wahrhaben, dass das jetzt vorbei ist. Da saß ich dann und war traurig. Das war doch für mich mein Zuhause! Es war mein Zufluchtspunkt. Wenn ich dort hingegangen bin, war ich sorgenfrei. Dazu das ganze Drumherum, die Atmosphäre, und wie Manolo allen Fans eingeheizt hat. Dort hatten sich doch all meine Freunde und Weggefährten getroffen! Ich saß einfach nur da und war deprimiert. Es gab keinen Bökelberg mehr. Was würde uns das neue Stadion bringen? Würden wir uns dort auch so wohlfühlen?

‚Was machst du denn hier? Ausweis! Es ist verboten, hier zu sitzen!', schrie mich plötzlich ein Wachmann an. Zu zweit kamen die auf mich zu gestürmt und brüllten wie die Bekloppten. Ich saß doch nur da! Ich hatte doch nichts kaputt gemacht! Ich wollte mich jetzt nicht von denen zutexten lassen und noch weniger hatte ich Bock drauf, denen zu erklären, was der Bökelberg für mich bedeutete. Deshalb rannte ich einfach los. Und die hinter mir her als wäre ich ein Schwerverbrecher. Da hatten die Intelligenzbestien der Security endlich mal einen gefunden, mit dessen ‚Festnahme' sie bei ihrem Vorgesetzten angeben konnten. Aber nicht mit mir! Wie ein Wiesel sprang ich über Zäune und quetschte mich durch Gebüsche. Die Wachmänner hinterher. Über Funk forderten sie Verstärkung an, und als ich draußen auf der Straße war, kam auch schon ein Polizeiauto angefahren. Aber ich rannte weiter. Das Auto hinter mir her. In Eicken wieder über Zäune und durch Gärten gesprungen. Die hinter mir her. Was für ein Aufwand für einen Jungen, der nur in der alten Nordkurve getrauert hatte! Schließlich haben sie mich dann doch noch mit dem Auto erwischt und ich bekam eine fette Anzeige von der Stadt. Eine saftige Strafe musste ich auch bezahlen. Ich schreib einen Brief an die Stadt: ‚Ihr nehmt uns einfach unser Wohnzimmer weg und jetzt darf ich da noch nicht einmal mehr hin!' – Ich war sauer!

„Wer Hohes ersteigen will, muss unten beginnen.“
(Chinesische Volksweisheit)

Da ich so außergewöhnlich früh selbstständig war, musste ich auch früh lernen, mir immer selbst was zu essen zu machen. Nach und nach kristallisierte sich dabei eine große Liebe zum Kochen heraus. Das machte mir Spaß und darin sah ich auch einen Sinn. Beim Kochen waren meiner Kreativität keine Grenzen gesetzt. Deshalb habe ich mich schließlich in einem Hotel für eine Ausbildung als Koch beworben. Auf die Nobelherberge war ich nur aufmerksam geworden, weil die Spieler unserer Borussia dort gelegentlich übernachteten. Ich dachte: wenn ich schon eine Ausbildung mache, dann nur da, wo die Borussen ein- und ausgehen. Als ich mich dort vorstellte, sagte man mir, dass sie keine Azubis brauchen. Doch ich blieb hartnäckig und fragte, ob ich wenigstens eine Bewerbung abgeben könne, ‚nur so, für die Zukunft.‘ Dieses Schreiben hatte ich sehr persönlich verfasst und alles reingelegt, was ich nur konnte. Gleich am nächsten Tag riefen die bei mir an, weil sie noch nie so eine schöne Bewerbung gelesen hatten. Natürlich konnte ich meine Ausbildung dann dort beginnen und die ging solange gut, bis ich hörte, dass es ein sehr gutes Restaurant mit einem Sternekoch gleich neben dem neuen Borussiapark gab. Und ich wollte doch so gerne in der Nähe vom Stadion sein! Spontan habe ich bei denen angerufen und gesagt, dass ich gerne dort arbeiten würde. Die sagten zwar, dass sie schon viele Köche hätten, aber ich habe mich wieder nicht abwimmeln lassen. Ich erklärte dem Typen am Telefon, dass er doch nichts zu verlieren hätte, wenn er es mal mit mir versuchen würde. ‚Jung, hast recht, sei morgen früh um 8.00 Uhr da!‘ Am nächsten Tag habe ich meine Ausbildung geschwänzt und bin einfach dort zur Probe arbeiten gegangen. Noch am selben Tag wurde mir mitgeteilt, dass sie mich übernehmen wollen. Irgendwie habe ich es sogar hingebogen, dass ich meine Ausbildung dort fortsetzen konnte. Das war geil! Meine neue Arbeitsstelle unweit des Stadions! Auch die Mitarbeiter und der Chef waren ziemlich cool. Die hatten wohl inzwischen verstanden, was mir meine Borussia bedeutete. Wenn ich arbeiten musste, während wir ein Heimspiel hatten, durfte ich rübergehen und es mir anschauen. ‚Verschwinde, sei aber gleich nach dem Spiel wieder da!‘ Außerdem habe ich mir sofort in der Nähe eine Wohnung gemietet – natürlich mit Blick auf den Borussiapark. Das war wirklich wunderschön! Jeden Morgen aufstehen und den Weg rüber zum Borussiapark gehen … ach!

Nachdem ich meine Ausbildung beendet hatte, bin ich in der Sommerpause nach Frankreich gegangen. Ich wollte mich dort als Koch weiterentwickeln, Neues dazulernen. In meinem Beruf muss man schließlich wissbegierig und offen sein. Anfangs konnte ich null Französisch. Das musste ich mir selber beibringen. Eigentlich wollte ich nur in der Sommerpause dort bleiben, aber es hat mir so viel gebracht, dass ich meinen Aufenthalt verlängerte. Mittlerweile hatte aber die neue Saison angefangen. Die ersten verpassten Spiele konnte ich gerade noch so verkraften. Das war eine völlig neue Erfahrung, denn bisher war ich ja bei jedem Spiel dabei gewesen! Ich saß in Frankreich und hatte alles genau vor Augen: wo sich die Jungs gerade treffen, welchen Weg sie gehen und was sie so alles anstellen. Genaugenommen konnte es für mich eigentlich keinen vernünftigen Grund geben, nicht zur Borussia zu gehen. Da hätte ich schon im Krankenhaus liegen müssen. Ich bin so darauf programmiert, ins Stadion zu gehen, wie morgens aufzustehen und mir die Zähne zu putzen. Das macht man einfach. Wenn Borussia spielt, geht man da hin. Deshalb war es für mich ziemlich schlimm, die ersten fünf Spiele zu verpassen. Dann stand das Derby gegen Köln an und ich konnte es nicht mehr aushalten. Am Mittwoch habe ich mich auf den Weg gemacht und war am Freitagabend wieder in MG. Die kleine Stadt, in der ich arbeitete, lag noch hinter Bordeaux, und ich war mit Bus und Bahn zwei Tage unterwegs gewesen. Mein Chef war mit meiner Arbeit sehr zufrieden, und ich hätte eigentlich für immer dort bleiben können. In Südfrankreich … schön am Meer … aber zum Derby war ich pünktlich wieder da. Das fand an einem Samstag statt und bereits einen Tag später hatte ich wieder eine neue Arbeit als Koch in einem niveauvollen Hotel. In diesem Haus übernachteten oft die Gastmannschaften, die bei unserer Borussia spielten.

Auch Hannover 96 stieg in diesem Hotel ab. Als ich damals das Buffet aufbaute, schauten mich die Spieler und Trainer verwundert an. Damals sah ich Mikael Forssell sehr ähnlich. Plötzlich baten mich einige Spieler von Hannover, mit mir ein Foto machen zu dürfen. Dieses schickten sie dann sofort an Mikael. Der wiederum antwortete prompt, dass er mich noch aus seinen Gladbacher Tagen kennen würde. Den hatte ich nämlich mal im Fanladen am Eickener Markt kennengelernt. Er schrieb: ‚Viele Grüße an mein Double in MG!' Nach meinem Dienst habe ich gemeinsam mit dem Busfahrer und ein paar Angestellten von 96 an der Bar einen getrunken.

An das Spiel am nächsten Tag können sich wahrscheinlich noch viele Gladbacher erinnern. Dieses denkwürdige Aufeinandertreffen konnte die Borussia mit 5:3 für sich entscheiden, wobei die Hannoveraner drei Eigentore erzielten. Viele in der Nordkurve sprachen mich nach dem Spiel an und fragten mich, was ich denen wohl ins Essen getan hätte. Auch der FC Köln kam mal zu uns ins Hotel. Denen habe ich Schokomousse serviert auf der ‚Fuck FC' und die Raute aufgemalt war. Blöderweise hat mein Chef das gesehen. Ich dachte, dass das wohl mächtig Ärger geben würde. Stattdessen hat der mich nur gefragt, ob ich wenigstens ein Foto davon gemacht hätte. Er ist auch Fan unserer Borussia und oft beim Spiel.

„Unternehmertum ist: Man lebt ein paar Jahre seines Lebens, wie die meisten Menschen es nicht wollen, so dass du den Rest deines Lebens verbringen kannst, wie die meisten Menschen es nicht können."
(Ein Student aus Warren G. Tracys Klasse)

Danach hatte ich noch mehrere andere Jobs. Die Arbeiten waren zwar alle recht gut, aber es hat mich echt gestört, immer wieder aufs Neue mit den Chefs verhandeln zu müssen, um zu den Spielen unserer Borussia gehen zu können. Dazu kam, dass ich mittlerweile meine eigenen Vorstellungen von Gastronomie entwickelt hatte. Ich wollte ein eigenes Restaurant mit einer transparenten Küche. Der Gast sollte genau sehen, was gekocht wird, welche Zutaten verwendet werden und wie sie zubereitet werden. Solche Dinge sind für mich sehr wichtig. Schließlich stand der Entschluss fest: Ich werde mein eigenes Restaurant eröffnen! Das habe ich sehr gründlich vorbereitet und drei Jahre lang jeden einzelnen Cent gespart. Es war eine harte Zeit, bis ich das nötige Kapital zusammen hatte. Dann hat es nochmal ein Jahr gedauert, bis ich ein geeignetes Objekt gefunden hatte. Schließlich fand ich einen Laden in der Waldhausener Straße. Da hab ich alles investiert, was ich hatte. Alles! Entweder gewinnen oder verlieren. Alles auf eine Karte. Das musste einfach klappen! Angemietet im Juni 2015 und eröffnet im Januar 2016.

Kurz bevor ich meinen Laden eröffnete, habe ich die Alge Initiative kennengelernt. Das ist ein Verband von ehrenamtlichen Mitarbeitern, der für die Vorzüge einer veganen Küche eintritt. Denen habe ich mich angeschlossen, weil ich ein Teil des Ganzen sein möchte. Denn vegan kochen ist etwas Positives, und mit mehreren Leuten kann man viel mehr erreichen als alleine. Eine sinnvolle Ernährung ist vor allem eine natürliche Ernährung, mit Lebensmitteln die nicht durch chemische Zusätze verändert wurden. So wie es uns der liebe Gott halt gibt. Frisch, gesund und naturbelassen. Wer das beachtet, lebt einfach länger.

Dabei möchte ich niemandem meine Meinung aufzwingen. Jeder kann schließlich essen, trinken und vögeln wen und was er möchte. Die Konsequenzen muss eh jeder selber tragen. Inzwischen hat sich aber herum gesprochen, dass es bei mir nur frische und beste Ware gibt. Eines Tages kam ein Multimillionär aus Kalifornien zu mir in den Laden. Der war so begeistert von meiner Kochkunst, dass er mich für ein paar Wochen als Privatkoch nach Hollywood verpflichtete. Da stand ich nun als Gladbacher Jung' in seiner Villa hoch oben in den Hollywood-Hills und schaute beim Kochen über LA.

Das war schon krass, einmal diesen Luxus und die ganze Verschwendung zu sehen. Den ganzen Tag liefen im Haus halbnackte Models herum, aber das war auf Dauer nichts für mich. So ein Leben ist für mich zu verschwenderisch. Außerdem haben mir die ganzen Leute aus der Nordkurve und meine Borussia gefehlt. Beim Hinflug gingen mir die Beamten vom Zoll richtig auf die Nerven. Die haben mich verhört, weil sie anhand meiner Einträge beim Fußball sonstwas vermuteten. In Hoffenheim hatte ich nämlich einmal aus Versehen ein Bengalo auf einen Ordner geworfen. Die Polizei hat daraufhin einen anderen Gladbachfan verdächtigt. Sowas geht gar nicht, dass ein anderer für mich bestraft wird. Natürlich habe ich mich bei der Polizei gestellt und bei Borussia gemeldet. Ich wusste, dass ich eine hohe Strafe bekomme. Aber es geht nicht, dass ein anderer für mich bluten muss! Ehrlich währt am längsten!

„Ehrlichkeit ist höchstwahrscheinlich die verwegenste Form der Tapferkeit!“
(W. Somerset Maugham)

Jetzt läuft meine Alge sehr gut. Jeder Abend ist ausgebucht und ich könnte locker das Dreifache an Bestellungen annehmen. Trotzdem spüre ich, dass die Zeit für Veränderungen gekommen ist. Ich möchte noch mehr Menschen durch meine vegane Küche zeigen, wie wichtig es ist, sich gesund zu ernähren. Viel zu viele Menschen stopfen viel zu viel Schrott in sich hinein, ohne auf die Folgen zu achten, die eine ungesunde Ernährung für ihre Gesundheit hat. Meiner Kundschaft ist übrigens völlig klar, dass der Laden geschlossen bleibt, wenn Gladbach spielt. Borussia ist schließlich mein Leben. Seitdem ich denken kann, hat sich immer alles um unseren Verein gedreht. Das durchzieht alle Lebensbereiche. Das Grün in unseren Farben steht für die Hoffnung, grün ist das Leben … Und wenn etwas rot ist, mag ich es nicht so besonders. Ich würde mir zum Beispiel nie ein rotes Auto kaufen. Auch meine Freundinnen wussten alle, dass Borussia immer an erster Stelle steht.

Ich liebe es, mit den Jungs auswärts zu fahren. Das gibt mir Rückhalt. Und wir stehen für Zusammenhalt. Hier sind Freundschaften fürs Leben entstanden! Unsere Borussia verbindet die Menschen miteinander. So viele verschiedene Leute mit so vielen verschiedenen Charakteren, die alle nur aus dem einen Grund da sind. Wie der Slogan sagt: ‚Wir sind Borussia!' Und das mit aller Leidenschaft! Das ist nicht nur der Verein. Jeder einzelne Fan, die Klofrau, sogar die Typen, die vor dem Stadion leere Flaschen sammeln – alle sind ein kleiner Teil vom großen Ganzen. Wenn ich ins Stadion gehe, schalte ich ab, und die Alltagssorgen sind einfach weg. Dort fühle ich mich frei. Es ist wie eine Art Meditation, und ich brauche das, um zur Ruhe zu kommen. Eigentlich hätte ich mit meinem Restaurant gar nicht die Zeit, zum Spiel zu gehen. Das ist tödlich für das Geschäft. Trotzdem nehme ich mir diese (Aus-)Zeit. Dann bin ich innerlich schön ruhig. Fast wie beim Falun Gong. Wenn ich zu unserer Borussia gehe, kommt meine Seele zur Ruhe. Schwerelos, glücklich und sorgenfrei! Wenn ich zurückblicke, stelle ich fest, dass ich in den vergangenen 20 Jahren rund um Borussia so viele gute Menschen kennengelernt habe, und selbst die, die man nicht so mag, gehören irgendwie mit dazu. Wir sind alle eine große Familie, und es fühlt sich so an, als ob ich mit Borussia verheiratet wäre. Das alles zusammen ist der Mythos Borussia. Das ist mein Leben.

Im Stadion

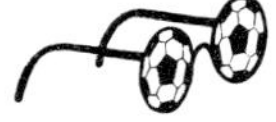

Jeder, der schon einmal im Borussiapark war, weiß, dass wir mit Knippi den besten Stadionsprecher der ganzen Welt und aller angrenzenden Universen haben. Hauptberuflich ist er Schauspieler und Moderator, aber seine große Leidenschaft und Berufung ist nun einmal, Stadionsprecher bei unserer Borussia zu sein. Wie ist er dazu gekommen? Ich treffe mich mit Torsten Knippertz und lasse mir in aller Ruhe berichten, wie sich alles zugetragen hat:

„Mein Opa war Gas-, Heizungs- und Wasserinstallateur und hatte beruflich mit Rolf Göttel zu tun. Der arbeitete in einem Sanitärfachhandel und war nebenbei Sprecher auf dem Bökelberg. Der hat mich einmal in die Sprecherkabine mitgenommen, und davon war ich damals so beeindruckt, dass ich mir wünschte, auch irgendwann einmal Stadionsprecher sein zu dürfen. Davon abgesehen wollte ich ja Fußballer werden, musste aber im Laufe meiner Fußballerkarriere leider einsehen, dass ich zu langsam und außerdem zu faul war. Auf dem grünen Rasen stehen wollte ich trotzdem, und als ich 1999 von einem Freund hörte, dass der amtierende Stadionsprecher Karsten Kramer sein Amt niederlegte, habe ich mich bei Borussia beworben. Nach einem dreiviertelstündigen Bewerbungsgespräch war klar, dass es mit mir und meiner Borussia ganz gut passt. Bei seinem letzten Spiel hat mich Karsten Kramer dann in der Halbzeitpause vorgestellt. Er sagte: ‚Liebe Nordkurve, liebe Borussiafans, das ist mein letztes Spiel … und hier ist mein Nachfolger Torsten aus Köln.‘ Na, vielen Dank Herr Kramer! Dabei bin ich überhaupt nicht aus Köln! Ich bin gebürtiger Mönchengladbacher und hier aufgewachsen! Ich habe zu diesem Zeitpunkt lediglich in Köln studiert. Dass er mich so angekündigt hat, nehme ich ihm heute noch übel. Leider haben wir noch nicht die Gelegenheit gehabt, darüber zu sprechen. Wenn ich ihn mal wiedersehen sollte, werde ich ihn fragen, ob er das extra gemacht hat.

Zwei Jahre war ich dann auf dem Bökelberg Stadionsprecher, bevor ich aus beruflichen Gründen leider vorerst aufhören musste. Nach mir kam André Fossen und danach Matthias Opdenhövel. Als der dann zum Fernsehen wechselte, hat mich ein Fan angeschrieben: ‚Knippi, komm doch bitte wieder zurück!‘ Zu dieser Zeit stand ich mit Borussia sowieso schon wegen einer anderen Sache in

E-Mail Kontakt. Da habe ich spontan an eine E-Mail angefügt: PS: Ich bin bereit! Eine halbe Stunde später haben sie mich angerufen und gefragt, ob ich wieder Zeit und Lust hätte. Dann haben wir uns kurz zusammengesetzt und ich konnte erneut der Stadionsprecher bei meiner Borussia sein. Das war 2006 …

Das Gefühl, auf dem Rasen zu stehen und den Spieltag zu moderieren, kann man eigentlich gar nicht beschreiben. Man muss es erleben und fühlen. Wenn ich es trotzdem beschreiben soll: Es ist ungefähr so, wie ein Sieg durch ein Tor in der 92. Minute. So fühlt sich das immer schon vorher an. Der genialste Moment ist kurz bevor ich die Aufstellung bekannt gebe, wenn ich dabei auf dem Platz stehe und frage, ob alle bereit sind. ‚Westen, seid ihr bereit? Osten, …, Nordkurve, seid ihr bereit? Und dann: Borussiapark, bist du bereit?!' Das ist keine Gänsehaut mehr, sondern eine ganze Gänsezucht, die mir den Körper jedes Mal rauf und wieder runter läuft. Jeden Spieltag aufs Neue! Das hat sich die ganzen Jahre nicht abgenutzt, und das ist der Moment, auf den ich mich jedes Mal immer am meisten freue. Man kann es nicht beschreiben. Es ist schon ein bisschen wie … naja, … es ist schon vergleichbar mit richtig gutem Sex. Bei jedem Heimspiel bin ich morgens schon freudig erregt, und durch diese Freude macht es mir auch immer so viel Spaß.

„Im Fußball ist es wie bei der Liebe. Was vorher ist, kann auch sehr schön sein, aber es ist nur Händchenhalten. Der Ball muss hinein."
(Max Merkel)

Vor jedem Spieltag bereite ich mich auf die Gastmannschaft vor. Dabei ist es mir sehr wichtig, alle Spielernamen korrekt auszusprechen. Zum Glück gibt es einen Herrn in Deutschland, der eine Liste komplizierter Namen auf seine Website gestellt hat. Dieser Herr Wulff hat irgendwann einmal damit begonnen, alle Stadionsprecher in Deutschland anzuschreiben, und sie gebeten, ihm eine Ausspracheliste ihrer Spieler in Lautschrift zu schicken. Das alles wurde von ihm in eine Tabelle im Internet eingepflegt, in der man nun nachschauen kann, wie welcher Spieler richtig ausgesprochen wird. Dazu gibt es noch eine Audio-Version, die man sich anhören kann, und diese Liste wird immer aktualisiert. Ich möchte alle Namen richtig aussprechen, denn das hat etwas mit Respekt zu tun. Unsere Spieler betrifft das ebenfalls. Zum Beispiel habe ich Jannik Vestergaard zur richtigen Aussprache seines Namens befragt. Der hat mir jedoch gesagt, dass es ihm eigentlich egal ist, ob man ihn deutsch oder dänisch ausspricht. Als ich mit Raffael darüber sprach, ob ich ihn nun Raffael Caetano de Araújo oder einfach nur Raffael nennen soll, antwortete er: ‚Mach es, wie du willst!'

Früher habe ich für einen Radiosender Kreisliga A Spiele übertragen. Das war tausendmal schwieriger, weil man natürlich nicht die ganzen Geschichten drumherum mitbekommt. In der Bundesliga ist das einfacher, weil man als interessierter Mensch das meiste weiß. Auf Interviewpartner muss ich mich jedoch gezielt vorbereiten. Wir haben in der Halbzeit sehr oft einen ehemaligen Borussenspieler, der uns Rede und Antwort steht. Vorher lese ich immer noch einmal nach, was der jetzt eigentlich so macht, und wie viele Tore er damals geschossen hat. So etwas weiß man natürlich nicht alles auswendig.

Die Zeit auf dem Bökelberg kann man mit der heutigen gar nicht mehr vergleichen. Der Fußball hat sich so verändert, dass man meinen könnte, es sei jetzt eine komplett andere Sportart. Genauso haben sich auch die Anforderungen an einen Stadionsprecher geändert. Heute ist die Stunde vor dem Spiel eigentlich wie bei einer Fernsehsendung. Da gibt es Regiebesprechungen und der Ablauf wird sekundengenau geplant. Früher war das egal, da lief nicht alles so strategisch ab. Dort habe ich die Werbung noch vom Klemmbrett abgelesen. Na klar, das hatte schon was, aber ich vermisse es auch nicht. Auch ‚Ob Norden, Süden, Osten, Westen – Heppos Frauen sind die besten!' war kultig. Wir hatten damals als Werbung auch einmal eine Eistüte als Mikrofon. Da haben Leute wirklich gedacht, es wäre meine eigene und ich hätte sie nur so aus Spaß von zu Hause mitgebracht. Mit dem Teil kam ich mir aber ein bisschen doof vor.

Neben meiner Familie ist Borussia tatsächlich meine große Liebe. Es gibt nichts Vergleichbares, was mich in derartige emotionale Höhen und Tiefen versetzen könnte. Das begann sofort, als ich mit unserer Borussia in Berührung kam. Damals war ich gerade einmal neun Jahre alt und mein Stiefpapa hatte mich zum ersten Mal mit ins Stadion genommen. Wir haben gegen den HSV gespielt und das Spiel ist 1:1 ausgegangen. Diese Freude, diese Entladung der Emotionen beim Ausgleich durch Borussia war für mich faszinierend. Neben uns stand ein Mann mit einer Gehbehinderung. Beim Tor für die Borussia warf er seine Krücken weg und schrie: ‚Borussia hat mich geheilt!' Ich war tief beeindruckt, dieses Erlebnis hat sich in meinem Kopf für immer festgesetzt. Ab da gab es kein Zurück mehr.

Eines der schönsten Erlebnisse – und da kriege ich jetzt schon wieder Gänsehaut – war natürlich das Relegationsspiel gegen Bochum. Ab der 60. Minute konnte ich spüren, wie auf einmal das gesamte Stadion erfasst wurde. Man kann so etwas nur schwer beschreiben. Alle im Stadion spürten, dass sie jetzt zusammenstehen müssen – ganz egal wie die Jungs auf dem Platz spielen. Wir als Fans müssen denen jetzt helfen! Wir müssen den Spielern Kraft geben und sie unterstützen! Dabei hatte man hat das Gefühl, dass nicht nur das ganze Stadion, sondern die ganze Stadt und die ganze Region hinter unserer Borussia stand.

Und das alles nach dieser wahnsinnigen Aufholjagd in der Bundesliga in den Monaten zuvor: Als es Lucien Favre durch seine Arbeit erst ermöglicht hatte, den Relegationsplatz zu erreichen. Keiner hatte geglaubt, dass dies überhaupt noch machbar wäre, und das Tor von Igor de Camargo brachte dann die Entladung von allem, was sich vorher angestaut hatte. Wie ein Schnellkochtopf, der sich explosionsartig entlädt, ein solches Gefühl war das, ein Ausbruch purer Freude. Würde es für so etwas ein Messgerät geben, wäre es mit Sicherheit geplatzt. Das war wirklich eines der schönsten Erlebnisse überhaupt.

Witzig war, als Nando Rafael das 2:2 gegen Bremen erzielte. Das war ein sehr wichtiges Tor für Borussia und ich war dabei so in Trance, so in Freude, dass ich mich bei meinem Torjubel auf einmal auf dem Platz wiederfand. Oh, wo bin ich hier, dachte ich, hier darf ich doch gar nicht sein! Dabei drehte ich mich um und sah schon das wütende Gesicht des vierten Offiziellen. Der blickte höchst aggressiv in meine Richtung und schrie: ‚Sofort runter da!' Natürlich bin ich sofort vom Platz gegangen und habe mich entschuldigt. Zwar hat er diesen Vorfall in den Spielberichtsbogen eingetragen, aber es ist zum Glück nichts passiert.

Doch das allerschönste Erlebnis im Borussiapark hatte ich im Jahr 2004, als ich gar nicht Stadionsprecher war. Bei der Eröffnung des Stadions war ich nur als Gast vor Ort. Während ich im Businessbereich von Tisch zu Tisch schlenderte, gelangte ich an eine Tafel, an der ich alle Menschen kannte, die daran Platz genommen hatten, bis auf eine Dame. Sie als einzige hatte ich vorher noch nie gesehen. Rückblickend kann ich mich nur noch daran erinnern, dass ich dachte: Boah, ey … und ich hab mich sofort in sie verknallt. Und heute ist sie meine Frau. Das ist superpraktisch, denn jetzt muss ich nur im Internet gucken, wann der Borussiapark eröffnet wurde, und kann somit nie das Datum vergessen, an welchem wir uns kennengelernt haben.

Aber es gibt auch Erlebnisse, die sehr wehgetan haben. Eines der schmerzlichsten war das Ausscheiden gegen Schalke in der Euro League. Das war im Borussiapark für mich das Allerschlimmste, was ich je miterleben musste! Ich denke, als Borussiafan muss man sowieso etwas leidensfähiger sein als bei anderen Vereinen. Natürlich gibt es auch bei denen doofe Momente, aber unsere Borussia hat schon recht viele davon gehabt. Sei es der Büchsenwurf, sei es der Pfostenbruch, sei es Schiri van der Kroft, sei es Schiri Klettenberg … und dann die verschossenen Elfmeter von Spielern wie Matthäus oder Dante, die in der nächsten Saison dann genau für den Gegner spielt haben, gegen den sie den Elfmeter verschossen haben. Ich finde, das leppert sich, und das scheint irgendwie ein Fluch zu sein, dass man als Gladbacher diese Geschichten sammeln muss. Vielleicht gehört das ja auch ein bisschen zum Mythos Borussia. Den in Worte zu fassen, ist sowieso nahezu unmöglich. Das ist eher etwas, was gefühlt und weniger beschrieben werden kann. Aber wenn man es trotzdem will, dann vielleicht so:

Wenn bei Spielen Dosen fliegen,
Pfosten brechen, Balken biegen,
wenn Nebel dich am Rückflug hindert,
der Fußball deine Schmerzen lindert.
Dann weißt du, das ist dein Verein:
die Fohlenelf vom Niederrhein!!!

Bei Auswärtsspielen fahre ich sehr gern als Fan mit. Da muss ich nicht zwingend darauf achten, die Contenance zu bewahren. Ich bin ja Borussiafan geworden, als die große Zeit schon vorbei war, und wir mussten uns im Laufe der Jahrzehnte auch relativ viel spielerischen Mist reinziehen. Schon allein aus diesem Grund sind die letzten Jahre mit den internationalen Spielen für mich wie ein Traum. Ich habe schon gar nicht mehr zu hoffen gewagt, als Borussiafan noch einmal derartige Glücksgefühle wie bei Celtic oder in Florenz erleben zu dürfen. Das sind unglaublich magische Nächte mit Borussia Mönchengladbach, und da wird dann gern mal ein bisschen gefeiert. Wenn ich bei jenen Spielen welche gehabt hätte, so hätte ich bestimmt auch meine Krücken weggeschmissen. Aber Borussia heilt mich auch so. Und zwar immer wieder aufs Neue!“

Andreas Kramer ist Feldreporter. Seine Aufgabe besteht darin, bei den Heimspielen unserer Borussia mit seinem Team das besondere Flair auf und um das Spielfeld herum einzufangen. Die von ihm gefilmten Szenen werden dann direkt nach dem Spiel und noch vor Ort in den Beitrag der ARD-Sportschau eingearbeitet und sorgen dafür, dem Spielbericht die nötige Würze zu verleihen. Ich begleitete Andreas während des Heimspiels gegen Eintracht Frankfurt am 9. September 2017.

13.30 Uhr: Noch zwei Stunden bis zum Anpfiff. Redaktionsbesprechung. Das Team besteht aus sechs Leuten. Unter ihnen Reporter Steffen Simon. Gut erzogen, wie ich nun mal bin, stelle ich mich mit meinem Namen vor: „Steffen", und reiche ihm meine Hand. „Ja", antwortet er und lächelt. Steffen meets Steffen. Cool. Auch die anderen begegnen mir mit ausgesuchter Höflichkeit. Ich bin überrascht, wie nett und entspannt das alles über die Bühne geht. Schließlich müssen die ja hier arbeiten und ich bin nur der Gast – der eventuell stören könnte. Doch von all dem ist nichts zu spüren. Sachlich wird besprochen, worauf bei der heutigen Übertragung der Schwerpunkt gelegt werden könnte. Irgendjemand erwähnt, dass das heute ein Hochsicherheitsspiel ist. Auch sind sich alle einig, dass bei der Anmoderation unbedingt erwähnt werden müsse, dass die Eintracht hier zwar vor ein paar Monaten im Pokal gewonnen hat, aber seitdem als eines der schlechtesten Teams in der Bundesliga gilt. Ergebnistechnisch. Dass die Frankfurter in der laufenden Saison noch keinen einzigen Treffer erzielt haben. Es ist 13.36 Uhr und spätestens nach diesem Satz weiß ich, dass meine heilige Borussia heute verlieren wird. Das macht sie gelegentlich, wenn sie gegen angeschlagene Teams spielen muss. Schon seit Jahren. „Aufbaugegner MG" quasi. Plötzlich höre ich Steffen sagen „… dass wir heute einen Gast haben, der sich doch bitte einmal kurz vorstellen möge." Ich bin leicht erschrocken. Hätte ich gewusst, dass ich eine Ansprache halten muss, hätte ich mich vorbereitet und wäre nochmal zum Frisör gegangen. Überrascht labere ich einfach los, was mir gerade in den Sinn kommt: „Mein Name ist Steffen und ich schreibe gerade mein zweites Buch. Es handelt von der Borussia und ihrer Fanszene. Netterweise hat mir Andreas heute ermöglicht, einen Tag mit einem Feldreporter bei unserer Borussia zu verbringen. Fragen?“ Auf einmal fühle ich mich sicher, auch hier, auf ungewohntem Terrain. Bis jetzt sind sie ja alle nett zu mir, und gebissen oder gekratzt hat mich auch noch keiner. Einige lächeln mir zu. Wohlwollend.

13.54 Uhr: Andreas und ich gehen die Leibchen holen, die sich jeder überwerfen muss, der am Spielfeldrand steht. Mit dem Teil sehe ich aus wie ein japanischer Pantomime. Sexy ist anders. Andreas bekommt dazu noch sein Headset. „Test, Test.“ Es funktioniert, gleich beim ersten Mal. Danach betreten wir den Presseraum. Ich bin erstaunt, wie viele Menschen heute von diesem Spiel berichten werden. Mittagessen gibt es auch. Man kann wählen zwischen Pilzravioli und Burgundergulasch mit Spätzle. Ich entscheide mich für Ravioli. Natürlich ist das für diese Geschichte hier nicht von besonderer Wichtigkeit – es unterstreicht jedoch meinen guten Geschmack. Spaßig bin ich auch noch! Ich kriege gute Laune, nicht nur, weil das Essen gut schmeckt. Derweil läuft auf den Monitoren die Übertragung der 2. Liga.

14.28 Uhr: Wir betreten den Innenraum des Borussiaparks. Sofort werde ich von jemandem belehrt, dass ich keine Fotos vom Spiel oder von den Spielern machen darf. „Die Rechte. Sie wissen schon!“ Natürlich halte ich mich an diese Bedingungen. Ich will keinen Ärger und bin froh, dass ich überhaupt hier stehen darf. Von weitem sehe ich Knippi. Der interviewt gerade irgendjemanden. Ich winke ihm. Er winkt zurück. Klasse. Läuft.

15.20 Uhr: Knippi fragt: „Borussiapark, bist du bereit?“ „Jaaaaaa“, brüllen über 50.000. Sämtliche Haare stellen sich bei mir auf wie Hammerstiele. Geflügelhautentzündung am ganzen Körper. Jetzt weiß ich, was Knippi gemeint hat. „Die Elf vom Niederrhein“ ertönt. Alle singen mit. Es hört sich ganz anders an, als wenn ich zwischen den Zuschauern stehe, und es ist, als würde man von einem Sturm von hinten weggeschoben. Ein unfassbar geiles Gefühl. Die Mannschaften laufen ein. Unsere Ultras in der Nordkurve zeigen riesige Transparente, auf welchen sie die Korruption des DFB anprangern. (Hatte ich eigentlich schon erwähnt, dass ich stolz darauf bin, Gladbacher zu sein?)

15.30 Uhr: Anpfiff. Wir stehen vor der Südkurve. Andreas neben mir ist hochkonzentriert. Mit Argusaugen beobachtet er alles gleichzeitig. Spiel. Spieler. Tribüne. Fans. Trainerbank. Alles. Das einzige, was ihn zur Zeit nicht zu interessieren scheint, ist, das Onkel Heini in Bielefeld gerade einen kleinen Schnaps verschluckt hat. Ansonsten hat er alles im Blick und gibt seinem Kamerateam Anweisungen, was sie aufnehmen sollen. Plötzlich fällt das 1:0 für die Eintracht. Es sind gerade einmal 13 Minuten gespielt. Überrascht bin ich nicht. Lediglich der frühe Zeitpunkt des Tores erstaunt mich.

15.44 Uhr: Noch immer bin ich beeindruckt, was Andreas alles im Blick hat. Oder haben muss. Dabei schaut er auch noch regelmäßig auf sein Mobiltelefon. Facebook, Twitter, etc., etc. – alles durchforstet er nach Kommentaren, ob ihm vielleicht etwas entgangen sein könnte. Auch die Meinungen der Fans sind ihm dabei wichtig. „Manchmal gibt es unter den Fans richtige Experten, bei denen ich mir interessante Hinweise hole", erklärt er mir, während die Gladbacher Fußlümmler im Rahmen ihrer Möglichkeiten versuchen, das Resultat zu verbessern. Dabei wirken sie temporär durchaus bemüht – die richtige Durchschlagskraft, der unbedingte Siegeswille und Drang zum Tor sind jedoch nicht immer gleich zu erkennen. Aber ich bin ja eh nur Laie. Aktuelle Spieler würden ihre Bemühungen womöglich anders interpretieren. Der Trainer vielleicht auch.

16.30 Uhr: Anpfiff zur zweiten Halbzeit. Jetzt stehen wir vor der Nordkurve. Ich winke dem Büffel auf seinem Podest hinter mir. Er winkt zurück. Plötzlich steigt wieder die Freude in mir auf, ein kleines Teilchen im großen Borussen-Universum zu sein. Andreas nimmt sich derweil trotz seines stressigen Jobs die Zeit, mir einige Sachen zu erklären: „Die Bildsequenzen aus den Stadien, die der Zuschauer ab 18.00 Uhr in der ARD-Sportschau sehen kann, sind ein Mix aus Bildern von unseren eigenen Kameras und Spielszenen, die der DFL-Regisseur anbietet. In der Liveübertragung wird oft nicht die ganze Bandbreite, nicht immer das wirkliche Geschehen abgebildet. Eine, ja, Inszenierung. Die Regisseure sind angehalten, bisweilen Dinge zu filtern. So zeigen sie zum Beispiel sehr selten Fanproteste und kritische Äußerungen auf Bannern. Pyros auch kaum. Das Endprodukt muss schließlich leicht zu konsumieren sein. Ligainszenierter Bundesligafußball soll massenkompatibel sein. Leicht verdaulich und dazu ein bisschen ‚Fanfolklore', wenn es denn gerade mal passt. In der Sportschau versuchen wir zumindest, nicht nur gefilterte Bilder zu zeigen. Manchmal gelingt es, aber auch wir müssen unsere Rolle in diesem Spiel gelegentlich hinterfragen. Jeder möchte natürlich sein teuer erworbenes Bildrecht auf seine Weise verkaufen, verstehste, Steffen?" Dabei zwinkert Andreas schelmisch.

Während er mir einen Einblick in die derzeit gängige Praxis der Berichterstattung gibt, wirken die Gladbacher Spieler auf dem Rasen in ihren Bemühungen noch bemühter. Doch einen Treffer erzielen sie nicht. Es erweist sich wieder einmal – wie schon oft in vorherigen Spielen beobachtet – dass es für eine mittelklassige Gäste-Herde völlig ausreicht, sich mit zwei Abwehrketten vor ihrem Strafraum aufzubauen, um so völlig ungefährdet unserer Borussia die drei Heimpunkte zu klauen. Vielleicht hat dabei ja sogar ein Frankfurter Spieler ein bisschen geschwitzt. Mehr aber auch nicht. Fremdschämen. Ich bin traurig, dass unser guter Kader heute nur eine solche Leistung hervorbringt.

17.23 Uhr: Abpfiff. Eiligst packen wir unsere Sachen und laufen in den Spielertunnel. Dort befindet sich ein kleiner Raum, an dessen Wand die Logos der Sponsoren anmontiert sind. Schön in einer Reihe aufgefädelt stehen dort fünf verschiedene Kamerateams. Ich verbummel mich nach ganz hinten und das Team um Andreas baut seine Kamera genau neben mir auf. Ich sitze also unmittelbar, hautnah sozusagen, dran. Als erstes interviewt Andreas Lars Stindl. Während der brav zu Protokoll gibt, dass „… sie schlecht in das Spiel gefunden haben", klingelt ein Telefon. Natürlich ist es meins. Fuck!!! In der Hektik hatte ich völlig vergessen, es auszuschalten. Noch einmal schämen, diesmal aber für mich selbst. Verständnislose Blicke von anderen Kamerateams töten mich gerade. Die hätten wohl lieber ein Interview ohne Klingelton dazwischen. Warum bloß? Spießer! Ich muss grinsen. So ein Scheiß passiert halt. War keine Absicht. Es wurde ja keiner verletzt. Der nächste Interviewpartner von Andreas ist Christoph Kramer. „Kramer gegen Kramer" also. Doch wo ist Dustin Hoffman? Dieser Gedanke erheitert mich. Und während noch derartige Albernheiten in meinem Kopf herumkaspern, kommt mir spontan die Idee, von dieser Szene ein Foto zu machen. Vorsichtig und leise fummele ich meine gut verpackte

Spiegelreflexkamera aus meiner Tasche heraus. Ich will ja schließlich nicht noch einmal die Interviews stören. Doch der Tragegurt meines Fotoapparates verheddert sich mit dem externen Blitzlicht. Ich ziehe etwas heftiger, und dabei fliegt der gesamte Inhalt meiner Tasche vor die Füße von „Kramer & Kramer". Die unterbrechen kurz ihren Disput und schauen mich für Sekundenbruchteile mitleidig an. Diktiergerät, Blitzlicht, Notizblock und tausend Zettel kullern auf dem Boden herum. Totenstille. Für mich scheint für einen kurzen Augenblick die Welt still zu stehen. Langsam sinke ich auf meine Knie, krieche zwischen Kramer & Kramer herum und sammele den ganzen Klimbim wieder ein. Ich versuche zu lächeln. Funktioniert aber nicht wirklich. Armer ich!

Mittlerweile sind alle Interviews beendet und wir müssen schnell ins Schnittmobil. Hier arbeiten ein Maz-Redakteur und ein Cutter am Spielbericht. Es gibt mehrere Arbeitsplätze, von denen manche mit über zwölf Bildschirmen ausgestattet sind. Überall flimmert es und auf jedem wird gegrätscht, geschossen und gelaufen. Es ist mir völlig rätselhaft, wie man da die Übersicht behalten soll. Präzise erklärt Andreas dem Cutter, ab welchem Stichwort er den O-Ton vom Fußballer Kramer laufen lassen kann. Tasten werden gedrückt, Schieberegler bedient und punktgenau beginnt der Einspieler. Nun hasten wir zum zweiten Ü-Wagen. Dabei fühle ich mich wie ein Wetterfähnchen, das an Andreas hinten dranhängt. Ich komme kaum hinterher. Eilig springt er die paar Stufen hinauf, und während er die Tür öffnet, drückt er den drin sitzenden Kollegen gleich einen Spruch rein. Obwohl jeder Handgriff sitzen muss, obwohl sich jeder auf den anderen verlassen können muss und obwohl das alles eine zeitgenaue Präzisionsarbeit ist, haben die noch die Nerven, lustige Sprüche zu bringen. Respekt! Ich find's klasse. Ein gutes Arbeitsklima.

Auch in diesem Wagen gibt es Arbeitsplätze, die mit vielen Monitoren ausgestattet sind. Steffen Simon sitzt hinter sechs Bildschirmen und schaut sich das bereits zusammengeschnittene Bildmaterial an. Dabei tippt er Stichworte für seinen Kommentar in ein Tablet. Andreas bespricht Einzelheiten mit den anderen Kollegen. Dann müssen wir wieder in einen anderen Ü-Wagen. Während wir dahin laufen, ruft mir Andreas zu, dass ich hier warten soll. „Ich hole uns schnell etwas zu trinken.“ Dann verschwindet er zwischen den Wagen der verschiedenen Sendeanstalten. Ein Typ rennt an mir vorbei und drückt mir eine sogenannte Optical Disk in die Hand: „Für Andreas.“ Und schon ist er wieder weg. In meinem Kopf machen sich Faxen breit. Ich bin mit dieser Disk jetzt der wichtigste Mann. Ohne mich und das Teil läuft hier gar nix! Haha! Andreas kommt wieder und sammelt mich ein. „Komm, hier lang.“ Und obwohl es nur vier oder fünf Wagen sind, habe ich mittlerweile völlig die Orientierung verloren. „Hier rein.“ Ich hetze hinterher. Drin sitzt schon das gesamte Team. Jeder starrt auf die Monitore. Irgendjemand ruft: „Noch eine Minute, bis wir das Wunderwerk aus Gladbach senden!“ Der Countdown läuft. Jetzt gehen „wir“ auf Sendung. Auf seine gewohnt sachliche und angenehme Art, kommentiert Steffen Simon den Spielbericht. Trotzdem gewinnt die Borussia leider auch jetzt nicht. Auch nicht nachträglich. Schade. Wäre schön, wenn das möglich wäre. Aber es war auch so ein schöner und interessanter Tag. Nach der Sportschau dann noch einmal ein Abschlussgespräch mit allen Kollegen. Dustin ist der Gesprächsleiter, und er verkündet, dass heute technisch alles einwandfrei gelaufen sei. Obwohl ich keine Ahnung habe, finde ich das auch. Und es war cool, dass ich einmal den ganzen Ablauf einer Sendung aus dem Borussia-Park begleiten durfte. Ich bin dankbar, und das sage ich auch. Danach verabschieden sich alle und Steffen Simon wünscht mir viel Erfolg für mein Buch. „Entspannter, netter Typ“, denke ich mir. Muss er ja auch. Er heißt ja schließlich auch Steffen! Nun schnappe ich mir Andreas Kramer, packe ihn in meinen geliebten Cruiser und lade ihn am Eickener Markt zu einer gepflegten Pizza ein. Das bin ich ihm schuldig.

Wie jeder weiß, ist Jünter das Maskottchen von Borussia Mönchengladbach. Um einen Einblick in seine kleine Welt geben zu können, war ich mit ihm beim Pferdeflüsterer.

Jünter hat schon mehr coole Sachen erlebt, als die meisten von uns je erleben werden. Sein kleiner Stall, in dem er in der Halbzeit etwas trinken geht, liegt direkt neben der Kabine der Schiedsrichter. Manchmal hört er sogar, worüber sich die Männer in Schwarz unterhalten. Er kriegt auch mit, wenn sie sich Videos der ersten Halbzeit anschauen und sich gegenseitig die Schuld für eine Fehlentscheidung zuschieben. „Es hilft jetzt auch nichts mehr! Wir müssen darüber hinwegsehen und versuchen, die zweite Halbzeit so gut wie möglich hinzukriegen."

Anfangs fand es Jünter einfach nur lustig. Nach und nach erkannte er, dass er das Gehörte nutzen kann. So hat er beispielsweise einmal Mo Idrissou gewarnt, weil er gehört hatte, wie einer der Schiedsrichter zum andern sagte, dass er Mo „nach der nächsten rustikalen Aktion auf jeden Fall Gelb geben" werde. Dieser Hinweis hat bei Mo leider nicht geholfen, und kurz nach Wiederanpfiff sah er die gelbe Karte. Es war tatsächlich keine Situation, in der man zwangsläufig Gelb hätte zeigen müssen – und für Jünter war es interessant zu sehen, dass die Schiris knallhart durchziehen, was sie in ihrer Kabine besprochen haben. Bei dieser Szene konnte man sehen, wie Jünter an der Seite des Spielfelds stand, die Hände über dem Kopf zusammenschlug. Was man nicht sehen konnte, ist, dass er sich dabei kopfschüttelnd dachte: „Mensch, das habe ich Mo doch gerade versucht zu vermitteln!"

Natürlich hat unser Maskottchen auch schon mitbekommen, wie andere Vereine mit den Schiris umgehen. Dabei kann er mit seinem Pferdeverstand beileibe nicht beurteilen, ob diese Vereine die Schiris beeinflussen wollen, oder ob sie einfach nur nett sein möchten. Jedenfalls hat Jünter gesehen, dass Uli Hoeneß nach einem Spiel mit mehreren Tüten in die Kabine der Schiris ging, um sich für das tolle Spiel zu bedanken. Vermutlich waren die Tüten eh nur mit neuen Trillerpfeifen gefüllt.

Und immer noch muss Jünter wiehern vor Lachen, wenn er daran denkt, dass Mike Hanke nie eine Unterhose unter seiner Spielerhose trug, und wie so mancher Schiedsrichter bei der Kontrolle nur darüber gegrinst hat.

Wie alle anderen auch hat sich Jünter immer wie blöde auf die internationalen Spiele in der Champions League und der Euro League gefreut. Aber bei diesen Spielen durfte er sich nicht frei im Borussiapark bewegen, weil die UEFA ganz krasse Regeln aufgestellt hat. Alles ist reglementiert und sanktioniert, und der arme Jünter hatte das Gefühl, dass er in seinem eigenen Wohnzimmer von diesem Verband nicht gern gesehen wird. Das machte ihn immer sehr traurig. Da er aber eine rheinische Frohnatur ist, hielt die schlechte Stimmung nie lange an, und er galoppierte auf den Tribünen herum und schnuppert Bratwurstluft. Dort stellte er sich dann zwischen die Fans, bei denen er immer gern gesehen ist.

Eines seiner schönsten Erlebnisse war das Relegationsspiel gegen Bochum. Bei diesem Spiel vergaß er kurz, wie sich ein junges Fohlen eigentlich im Borussiapark zu benehmen hat, und sprang beim Torjubel völlig unbeherrscht auf die Spielertraube. Für einen kurzen Augenblick war er Teil der ganz großen Relegations-Geschichte. Das hat sein Herz sehr berührt, und es war einer der schönsten Momente seines bisherigen Fohlenlebens.

Die traurigsten Momente waren die Pokalspiele gegen Duisburg und Bremen im Borussiapark. So gerne wäre er mit unserer Borussia einmal zum Endspiel nach Berlin gefahren. Aber selbst ein Fohlen weiß, dass Niederlagen auch zum Leben dazugehören. Wie sich jeder denken kann, ist Jünter nicht nur das Maskottchen, sondern auch ein glühender Fan unserer Borussia, und wenn es um Emotionen geht, gerät er auch schon mal mit Spielern aneinander. Als Mario Gomez aufgrund einer vergebenen Kopfballchance voller Wut den Ball wegschlagen wollte, hat er dabei Jünter getroffen. Das fand unser Maskottchen nicht so toll und hat sich daraufhin ordentlich bemerkbar gemacht. Ein Sender zeigte die Szene im Fernsehen, und plötzlich war Jünter in aller Munde. Es brachte ihm landesweit viele Sympathien ein, weil er bereit war, sich mit einem Spieler anzulegen. Trotzdem muss er sich bei aller Freude und allem Ärger immer schnell wieder beruhigen, weil er für Kinder schließlich eine Vorbildfunktion hat.

Es gab aber auch schon mal Situationen, in denen er nicht genau wusste, wie er reagieren soll. Zum Beispiel, als vermummte

FC Köln-Fans in Maleranzügen auf das Spielfeld stürmten. Jünter ist einfach stehen geblieben, hat seine Arme in die Hüften gestemmt und die Fahne von Borussia geschwenkt. Schließlich ist der Borussiapark sein Wohnzimmer.

Im Laufe so eines Fohlenlebens lernt man natürlich auch viele Spieler persönlich kennen. Manche sind eher reserviert, andere gleichgültig, aber die meisten wissen, was der Jünter während eines Spieltages so leisten muss. Marc-André ter Stegen zum Beispiel hat nach jedem Spiel immer etwas Nettes zu ihm gesagt „Hey, du bist ja während des Spiels mehr abgegangen als wir auf dem Platz!“ Jedes Mal ist Marc-André nach dem Spiel gekommen, hat mit Jünter abgeklatscht und sich für seine Unterstützung bedankt. Es gab viele Spieler, die immer ganz lieb zu ihm waren, und es gab auch einige verrückte Typen. So wie Kasey Keller. Der hat ihn nach einem Spiel hochgehoben, auf den Boden geschmissen und sich dann von oben auf ihn drauf fallen lassen. An diesem Tag hatte Jünter Sicherheitsnadeln am Trikot, die ihn bei dieser Wrestling-Aktion derbe in die Haut stachen. Jünter wieherte vor Schmerz, doch Kasey dachte, er würde nur aus Spaß schreien. Trotzdem findet Jünter, das Kasey ein super Typ war. Ihn mochte er besonders gern.

Jünter ist auch sehr hilfsbereit. Als Ewald Lienen einmal zu einem Interview nach MG kam, war er total durchgeschwitzt. Da Ewald aber keine Zeit mehr hatte, um sich frisch zu machen, lieh Jünter ihm sein Deo. Lienen roch dann ein bisschen nach Pferd.

Manchmal geht Jünter auch zu den Gästefans. Es gibt Vereine, da ist das kein Problem, aber manche sind gemein zu ihm. Früher fand er Aue sehr sympathisch, und er kannte auch deren Wismutlied. Aus Sympathie und Respekt stellte er sich vor den Aue-Block und deutete „zwei gekreuzte Hämmer und ein großes W“ an. Doch anstatt sich darüber zu freuen, haben ihn die Aue-Fans mit Bierdosen beworfen, die nur knapp an seinem Kopf vorbeiflogen. Jünter dachte bei sich: „Hey, ich bin doch nur das Fohlen und wollte euch recht herzlich begrüßen!“ Dann ist er traurig abgedackelt.

Natürlich hat er auch eine persönliche Hitliste der Kommentare und Fragen, die er immer wieder gestellt bekommt. Auf Platz eins ist: „Lach doch mal!“ Das wird mit Abstand am häufigsten zu ihm gesagt. Mittlerweile findet er das aber nicht mehr so witzig, weil es immer wieder das Gleiche ist. Auch wird er pro Tag mindestens eintausend Mal gefragt: „Ist das eigentlich schön warm da drin?“ Nun, Jünter hat doch nur ein Fell, und manchmal ist es eben auch warm darin. Viele denken wahrscheinlich, dass sie cool sind, wenn sie rufen: „Hey Esel, komm mal her!“ Denn auch das passiert sehr oft. Traurig findet er es, wenn Bettler ihn nerven: „Kannste mir mal ein Trikot von Raffael besorgen?“ Ein beliebter Spruch scheint auch zu sein: „Tritt denen auf dem Rasen mal richtig in den Arsch!“ Wahrscheinlich findet sich jeder dabei selber tierisch witzig, aber wenn Jünter das am Tag mehrere hundertmal hört, wird es langweilig. Oder: „Bist du der echte Jünter?“ Das hört er auch sehr häufig. Wer soll er denn sonst sein? Gibt es auch einen unechten Jünter?

Erstaunlicherweise wurde er auch schon ganz oft gefragt, ob er sich prügeln will. Warum sollte sich ein Maskottchen prügeln wollen? Jünter ist doch ein liebes Fohlen! Da wird nicht geprügelt! Grundsätzlich sind aber die meisten Gladbachfans immer sehr freundlich zu ihm und wollen ein gemeinsames Foto. Interessant ist jedoch, dass auch viele Gästefans ein Foto mit ihm machen wollen. Selbst Schalker und Kölner können seiner Anziehungskraft nicht widerstehen. Bei Fans von bestimmten Vereinen legt Jünter seinen Schal dann immer so um diese Person, dass er das Emblem dieses Vereins „zufällig“ verdeckt.

Für unsere Fans ist Jünter auch deutschlandweit unterwegs. Ganz oft war er schon Trauzeuge oder bei Hochzeiten und Taufen als „Glücksbringer“ dabei. Es gibt auch Eltern, denen es sehr viel wert ist, Jünter zum Geburtstag ihres Kindes kommen zu lassen, einfach nur, um das Kind glücklich zu machen. Dabei ist es schon vorgekommen, dass Jünter vier Stunden hin und vier Stunden zurück fahren musste, nur um für zwei Stunden beim Kindergeburtstag dabei zu sein. Nicht wenige Eltern waren tief gerührt, wenn unser Fohlen dann die ganze Zeit mit den Kleinen im Garten gespielt hat.

Sowieso hat Jünter zu allen Kindern ein sehr herzliches Verhältnis und freut sich immer, wenn er mit ihnen zusammen ist. Allein schon durch seine Anwesenheit macht er sie glücklich. Dabei ist er für die Kinder manchmal viel interessanter als die Spieler, und er muss aufpassen, dass sie ihn nicht regelrecht überrennen und gänzlich vereinnahmen. Natürlich mögen ihn die Kinder von unseren Spielern auch. Thorgan Hazards kleine Tochter zum Beispiel fand Jünter auf einer Weihnachtsfeier sooooo süß, dass er gar nicht mehr aufhören durfte, mit ihr zu tanzen.

Auch während der Spieltage ist er ununterbrochen für die Kinder da. Für alle nimmt er sich Zeit, um ein Foto zu machen. Nicht wenige Kinder im Familienblock haben nur Augen für ihn. Sie finden es total interessant, was er macht, und beobachten ihn ständig. Viele von ihnen hängen sich an Jünters Bein und wollen ihn nicht mehr loslassen. Sie sagen dann: „Du gehörst mir. Ich habe dich doch auch bei mir zu Hause als Kuscheltier in meinem Bettchen – also gehört der große Jünter im Stadion auch mir." Manche Eltern müssen ihre Kinder förmlich von ihm wegreißen!

Unser Maskottchen bekommt ganz viel Fanpost, und bei den Mitgliedsanträgen für den „Jünterclub" liegen oft auch Fotos von den Kleinen mit dabei. Voll süß, wenn sie da mit dem kleinen Jünter, dem Kuscheltier, in ihren Kinderbettchen liegen. Der Postbote bringt auch ganz oft Dankesbriefe von Kindern, die er in Kitas und Schulen besucht hat. Etliche Male wurde er schon von Kindern im Stadion angesprochen: „Erinnerst du dich an mich? Du warst doch vorige Woche bei mir im Kindergarten!" Daran sieht man immer wieder, was er bei ihnen für einen Stellenwert hat. Für viele ist er nicht nur ein „Einschlafkumpel" im Bettchen, sondern auch ein ständiger Begleiter in ihren frühen Kinderjahren.

Jünter findet auch, dass Max Eberl einer der coolsten Typen ist, die er je kennenlernen durfte. Er kennt ihn ja noch als Nachwuchskoordinator, und sie sind sich früher ständig über den Weg gelaufen. So konnte er die Entwicklung von Max über die ganze Zeit hautnah miterleben. Jünter ist vor allem davon begeistert, dass sich unser Sportdirektor immer Zeit für andere nimmt und sie per Handschlag begrüßt. Volksnah eben. Dabei hat unser Maskottchen immer den Eindruck, dass Max unsere Borussia mehr liebt, als mancher vielleicht glaubt. Sehr oft hat Jünter schon beobachtet, wie Max reagiert, wenn er von anderen angesprochen wird: „Ey, kauf doch mal ordentliche Spieler!" Dann ging Eberl auf diesen Menschen zu und fragte: „Wie heißt du?" Und dann: „Ok – ich bin der

Max. Erläutere mir doch bitte einmal genau, was du mir sagen willst. Dann nenne ich dir die Prinzipien, nach denen ich mich richten muss, und dann schauen wir mal, ob wir uns verstehen können.“ Er nimmt sich wirklich die Zeit und redet mit den Menschen. Selbst wenn mal einer mit einem blöden Spruch kommt, sagt er ganz gelassen: „Ich verstehe deinen Ärger. Du bist Fan, und du hast auch das Recht dazu. Aber lass auch mich bitte einmal ausreden und erklären, warum das so gemacht werden musste. Dann schauen wir mal, ob wir uns nicht doch irgendwie einig werden können.“ Solche Situationen hat Jünter schon oft mitgekriegt, und er hat immer das Gefühl, dass Max wirklich einer von uns ist.

Natürlich hat Jünter auch Träume. Schon immer wollte er mal bei einem Eckball aufs Spielfeld galoppieren und dem Gegner den Ball mit voller Wucht unter die Latte köpfen. Aber er hat sich doch nie getraut, und eigentlich darf ein Fohlen das ja auch gar nicht machen. Trotzdem stand er schon so manche schlaflose Nacht in seinem Stall und sah vor seinem geistigen Auge, wie er den Ball wuchtig ins Tor von Manuel Neuer hämmert. Das wäre eine Sensation, und alle würden es in der Sportschau sehen! Aber auch wenn er das nun gerade nicht darf, ist er doch sehr, sehr froh darüber, einer der Wenigen zu sein, die den heiligen Rasen des Borussiaparks betreten dürfen. Dieses Gefühl, vor 54.000 Zuschauern auf dem Mittelpunkt des Spielfeldes zu stehen, ist unbeschreiblich. Das ist selbst für ihn jedes Mal wieder ein ganz besonderer Moment, und er empfindet dies als ein heiliges Privileg.

Nicht wenige würden sooo gern einmal mit ihm tauschen …

Es ist sehr schade, dass hier die kleine Reise durch unser Borussen-Universum enden muss, obwohl ich noch so viele Geschichten erzählen könnte. Allein die, mit denen ich mich für dieses Buch getroffen habe, haben mir genug Storys für weitere Bücher erzählt. Und dann gibt es ja auch noch die, mit denen ich nicht gesprochen habe. Somit erhebt dieses Buch keinen Anspruch auf Vollständigkeit und kann nur einen sehr kleinen Einblick in unsere große und vielfältige Borussen- Welt geben.

Wenn wir von Borussia reden, geht es nicht nur um 90 Minuten Fußball. Es geht vielmehr darum, sich an den Spieltagen mit Freunden zu treffen und dem Alltag zu entfliehen. Wenn die Fußlümmler vom Niederrhein auf dem Platz stehen, ist dies auch ein gesellschaftliches Ereignis. Als ich noch in Hamburg oder Weimar wohnte, bin ich zu den Heimspielen mindestens 800 Kilometer gefahren: 400 hin und 400 zurück. Aber die Entfernung ist egal, weil nach MG fahren jedes Mal wie nach Hause kommen ist. Deshalb steht auf der riesengroßen Raute hinter der Nordkurve auf meinem Fanstein: „Treue bis in den Tod." Und so wird es sein. Aber damit bin ich nicht der Einzige. Ich kenne viele, die sich nicht einmal ein Duschgel kaufen, wenn es nicht schwarz-weiß-grün ist. Wir hier am Niederrhein sind wirklich stolz auf unseren Verein, und das nicht nur, weil wir ein paar Mal Deutscher Meister waren. Sowieso sind alle Meisterschaften nach 1977 völlig überbewertet. Wir sind stolz darauf, dass unser Verein momentan von den Verantwortlichen solide geführt wird. Wir sind stolz darauf, dass sich rund um den Borussiapark Freundschaften fürs Leben ergeben haben. Wir sind stolz darauf, dass wir uns als aktive Fans solche Einrichtungen wie das Fanprojekt oder de Kull selbst aufgebaut haben. Wir sind stolz darauf, dass über 10.000 Gladbachfans zu den Auswärtsspielen nach Barcelona oder Rom geflogen sind. Ja, da kann man ruhig mal applaudieren!

Ich bin stolz darauf, dass sich unsere Fans untereinander helfen, dass unsere Szene so vielfältig ist, und ich bin stolz auf Keule, der mich in meinem biblischen Alter beim Fanmarsch in Barcelona in die erste Reihe geholt hat. Ich bin stolz darauf, dass ich durch unsere Borussia so viele coole Menschen kennenlernen durfte. Menschen, die es alle verdient hätten, hier erwähnt zu werden. Ich bin stolz darauf, dass ich viele Fans unserer Borussia kenne, die es früher in ihrem Leben nicht leicht hatten und es trotzdem durch harte Arbeit geschafft haben, sich eine solide Existenz aufzubauen. Ich bin stolz darauf, dass sich unsere Borussia ein kleines Bisschen von anderen Vereinen unterscheidet, und dass unser Stadion immer noch Borussiapark und nicht „Schlüpfergummi-" oder „Finanzdienstbetrüger-Arena" heißt. Hoffentlich haben unsere Verantwortlichen das auch weiterhin im Blick, dass dies ein Alleinstellungsmerkmal ist. Ich bin stolz darauf, dass ich bei meinen Recherchen für dieses Buch Menschen getroffen habe, die bei meiner Borussia arbeiten, und bei denen tatsächlich schwarz-weiß-grünes Blut durch die Adern fließt. Nicht auszudenken, wenn diese Menschen durch Leute ersetzt würden, denen unser Verein egal ist, und für die Borussia einfach nur ein Job wäre, so, als wenn sie jeden Tag ins Büro der Bundesagentur für Tierhaare gehen würden. Ich bin stolz darauf, dass es unseren Verantwortlichen in den letzten Jahren immer wieder gelungen ist, gut qualifizierte Facharbeiter für Fußballunterhaltung zu verpflichten, so dass wir auch weiterhin hoffen dürfen, Stadien in ganz Europa bereisen zu können. Ich bin stolz darauf, dass unsere Borussia mit dem von uns allen erzeugten Umfeld für Hunderttausende auf der Erde ein Quell ständiger Lebensfreude ist! Ich bin stolz darauf, dass unsere Borussia auf jedem Kontinent Fanclubs hat und weltweit eine riesige Strahlkraft ausübt. Ich bin stolz darauf, dass unsere Fans felsenfest hinter dem Verein stehen und dass zur Aufstiegsfeier seinerzeit weit mehr als 100.000 Borussen in MG zusammen gefeiert haben.

Ich bin stolz darauf, dass das Marktforschungsunternehmen Repucom bei einer Umfrage im Jahr 2014 belegen konnte, dass unser Verein damals der drittbeliebteste Fußballklub in ganz Deutschland war. Und ich bin stolz darauf, dass nur ein Jahr später im Handelsblatt eine wissenschaftliche Studie der Technischen Universität Braunschweig veröffentlicht wurde, die nachwies, dass unser Verein auf der Beliebtheitsskala nun schon auf dem zweiten Platz stand! Ich bin stolz darauf, dass unsere Borussia mittlerweile weit mehr als 80.000 Mitglieder hat und damit auf der ganzen Welt (!!!) auf dem 17. Platz rangiert. Und das, obwohl der letzte Titelgewinn schon mehr als 20 Jahre zurück liegt. Nicht auszudenken, was wäre, wenn wir wieder einmal Deutscher M… !?!

Das alles, das alles zusammen ist der Mythos Borussia! Das alles ist unser Verein, der die Herzen so vieler Menschen berührt.

Und ich bin stolz darauf, ein kleines, klitzekleines Teilchen in dieser großen Gemeinschaft zu sein.

Beenden möchte ich diese kurze Expedition in unseren Borussen-Kosmos mit einem Ausspruch von Fritz Fresse:

Borussia.
BorussiJA.
BorussiJAAAAAAAAAAAAAAAAAA!!!!

Deutscher Meister
1970, 1971, 1975, 1976, 1977

Deutscher Pokalsieger
1960, 1973, 1995

Europa League-Sieger
1975, 1979

Endspiel Europa League
1975, 1979
1973 und 1980

Endspiel Champions League
1977

In der Reihe Bibliothek des Deutschen Fußballs sind bereits erschienen:

Bd. 1 1. FC Union Berlin (Jörn Luther)
Bd. 2 SV Babelsberg 03 (Rico Noack)
Bd. 3 BFC Dynamo (Marco Bertram)
Bd. 4 FC Energie Cottbus (Jens Batzdorf)
Bd. 5 1. FC Lokomotive Leipzig (Freundeskreis Probstheida)
Bd. 6 BSG Chemie Leipzig (Alexander Mennicke)
Bd. 7 1. FC Magdeburg (Jente Knibbiche)
Bd. 8 F.C. Hansa Rostock (Marco Bertram)
Bd. 9 1. FC Nürnberg (Benjamin Wolf)
Bd. 10 FC Rot-Weiß Erfurt (Matthias Klaß)
Bd. 11 1. FC Köln (Andreas Merkel)
Bd. 12 SG Dynamo Dresden (Uwe Leuthold)
Bd. 13 FC Sankt Pauli (Fabian Fritz & Gregor Backes)
Bd. 14 SV Waldhof Mannheim (Andi Nowey)
Bd. 15 FC Carl Zeiss Jena (Jörg Dern & Toni Schley)
Bd. 16 FC Bayern München (Marcel Neudeck)
Bd. 17 Borussia Mönchengladbach (Steffen Andritzke)
Bd. 18 FC Schalke 04 (Patrick Raute)
Bd. 19 Eintracht Braunschweig (Uli Hannemann)